Caminos

Caminos

Amor Erotismo Fantasías

GISELA GUILLÉN

Las opiniones expresadas en este trabajo son exclusivas del autor y no reflejan
necesariamente las opiniones del editor. La editorial se exime de cualquier
responsabilidad derivada de las mismas.

Información de la imprenta disponible en la última página.

Fecha de revisión: 18/06/2020

Para realizar pedidos de este libro, contacte con:
Palibrio
1663 Liberty Drive
Suite 200
Bloomington, IN 47403
Gratis desde EE. UU. al 877.407.5847
Gratis desde México al 01.800.288.2243
Gratis desde España al 900.866.949
Desde otro país al +1.812.671.9757
Fax: 01.812.355.1576
ventas@palibrio.com
815760

Índice

Dedico este libro a un grupo de poetas que me han acompañado y motivado durante varios años a no detener mi pluma; a dejar que mi alma fluya con los desvaríos de un poeta que se deja atrapar por las letras, dejándose bañar por el rocío de las prosas y poemas; acentuándose así, los perfumes de la primavera que están en mi espíritu perenne, con los sueños que se llevan. Ellos son Los 12 poetas Latinoamericanos. **Yamila Valenzuela** poeta **colombiana;**

que ha estado a mi lado durante este proceso y a quien agradezco por la colaboración en el prólogo y contraportada de mi libro. **Hugo Sánchez;** poeta **Argentino** que ha sido el mentor del grupo; siempre motivándonos con nuevas ideas en la poesía. **Ana Burgos** de **Honduras,** Mia **Aragón** de **Colombia, Steylan Montilla** de **República Dominicana. Claudia Alonso** de **Uruguay, Nelly Herrera** de **Argentina, Eduardo Sánchez** y **Juan Carlos Peralta** de **México.**

Y como siempre; a esa brisa de primavera que refresca mi poesía, dándole vida para tocar los corazones que quieren amar bajo un manto de amor y armonía.

Agradezco al universo

Por perfumar mis días con brisa de primavera,
alimentando mi inspiración en cada encuentro
casual que me regala el destino.

Prólogo

"Contigo navego un mundo de sensaciones
Me baño en la magia de la fantasía y sus pasiones"

Con estos dos versos podemos empezar a disfrutar este hermoso poemario de la poeta Gisela Guillén; la que nos llevará por caminos de amor, erotismo y fantasía.

Caminos de nostalgia, desamor, encuentros y desencuentros, pero también encontraremos ese amor cálido, que nos mostrará todo lo que un corazón enamorado puede sentir. Pudiendo palpar a través de las letras de Gisela, todas esas sensaciones que el amor lleva en sí; y llevándonos a encontrar en medio de sus versos un erotismo sutil, delicado. Lo que inducirá a la mente del lector a vivir y experimentar hermosas fantasías. Fantasías que todo corazón enamorado desea hacer realidad para poder vivirlas.

Como bien dice Gisela.

"Mi poesía es un encuentro casual con la vida y sus emociones"
Por eso su poesía es fresca, atrapante; al surgir de su entorno donde se mueven desprevenidamente; emociones y sensaciones, las que logra percibir y capturar ágilmente con su pluma; dándoles vida y convirtiéndolas en un murmullo estimulante para corazones que aman y almas sensibles.

Yamila Valenzuela Aguilar

Duerme la noche
el poeta despierta
nace un poema.

Escribir

Escribir es una manera de amar, vivir y seguir soñando.

Mi verso tiene vida

Mi verso tiene la melodía de una dulce guitarra,
tiene anécdotas que cantan en mi corazón,
mi verso tiene historia, tiene secreto y destino,
mi verso tiene ritmo de rock 'n' roll y de son.

Mi verso tiene el embrujo, de un amor extranjero
tiene, eróticas fantasías despertando inspiración,
tiene brisa de primavera, perfumando mi jardín,
mi verso tiene vida, que le regaló el amor.

Contigo

Contigo navego un mundo de sensaciones
me baño en la magia de la fantasía y sus pasiones,
contigo viajo el universo; dejo correr mi imaginación
haciendo de mis días un arcoíris de emociones.

Contigo canto al amor, sus sueños y dudas,
lloro el dolor del desamor, abandono y traición.
Levanto vuelo nuevamente a la luz del mundo,
acaricio los regalos que me da la vida con fervor.

Un nuevo amanecer, la inspiración de mis versos
renacer de mi jardín llenando de color su rosal,
un arcoíris de ilusiones; un vendaval de tentaciones.

Disfruto de las nuevas emociones y sus sabores
baño mi otoño con brisa de primavera y armonía,
contigo lleno mis días de sensaciones; contigo mi poesía.

Estando yo a tu lado te vi con ella,
estrechabas sus caderas te extasiabas en su torso,
Le contabas tus amores recreandote en su rostro.
Ella con voz suave y melodiosa contestaba a tus anhelos.
Siento celos de ella
cuando la veo en tus brazos,
queriendo ser yo
la que ocupe tu regazo.
Ella también me habla de ti,
me dice que me quisiste
y también me recordabas
Siento celos de ella que sabe
cuanto yo te amaba.

Me dice que soy la culpable
de su sufrimiento, y aún mas
solo soy culpable de quererte
con tus palabras le diste
de mi vida, tu verdad
Le dice que te contara
que mi amor por ti
es: amor sin olvido
Y aunque ella viva en tus brazos

tu guarque estaré sin
con ella y contigo
Siento celos de ella.

de ella; tu guitarra.

Celos

Estando yo a tu lado
te vi con ella,
estrechabas sus caderas
te extasiabas en su torso.

Le contabas tus amores
recreándote en su rostro.
Ella con voz suave y melodiosa
contestaba a tus anhelos.

Siento celos de ella
cuando la veo en tus brazos
queriendo ser yo
la que ocupe tu regazo.

Ella también me habla de ti,
me dice que me quisiste
y también me recordabas.
Siento celos de ella que sabe
cuanto yo te amaba.

Me dice que soy la culpable
de tus inquietudes… y algo más,
solo soy culpable de amarte
y con tres palabras le dije
de mi vida, la verdad.

Le dije que te contara
que mi amor por ti
es; amor sin olvido
y aunque ella viva en tus brazos

yo siempre estaré ahí
con ella y contigo.
Siento celos de ella,
de ella;
tu guitarra.

Sublime Amor

Tu amor llegó a mi vida
en la fragancia de una rosa,
en la suave melodía
que fue para mi tu voz.

Tu sonrisa borró
de mis ojos el llanto,
tu mirada de mi alma
el dolor ahuyentó.

Tus besos han devuelto
a mis noches la calma,
tu comprensión y cariño
han conquistado mi alma.

Por eso cuando te acercas
la vida me sonríe,
todo lo veo hermoso
como en un florido jardín.

Solo pido al cielo
que siempre estés conmigo,
que este amor sublime
nunca tenga fin.

Y si por ley del destino
tengo un día que perderte,
poder siempre decir,
¡Que lindo fue quererte!

Fui Cobarde

Si pudiera regresar el tiempo
¡Cuántas cosas cambiarias!
Hoy estaría feliz a tu lado
pero me sobró cobardía.

Fuiste mi mayor anhelo
conquistaste mi corazón,
después de tantos años
sigo añorando tu amor.

Vive en mis recuerdos
aquel fallido intento,
fui cobarde y te perdí
todavía lo lamento.

En mis sueños de mujer
siempre estás a mi lado,
alimenta tu recuerdo
mi corazón enamorado.

Búscame

Si la nostalgia invade tu alma
y a tu mente los recuerdos,
si necesitas en quien confiar,
Búscame.

Cuando sientas que en tus noches
ya no existan emociones
y si en tus días, no brilla más el sol,
Búscame.

Cuando tus labios no quieran sonreír
y a tus ojos asome el llanto,
cuando el amor te falle,
Búscame.

Búscame en tus recuerdos
en un poema, o una rosa,
en una canción de amor,
pero búscame.

Si los jardines de tu vida
ya no pueden florecer
porque hasta ti, el otoño llegó,
Búscame.

Búscame en tu pasado
en tu presente, en tu futuro,
siempre búscame.
Esperaré por ti.

Cuando vuelvas a mi lado

Volverán a florecer los jardines
que un día perdieron su color,
volverá a llegar la primavera
cuando vuelvas a mi lado amor.

Las noches vendrán perfumadas
tu guitarra entonará nuestra canción,
la luna nos mirara enamorada
cuando vuelvas a mi lado amor.

Nuestra alcoba regresará a ser
un remanso de agua cristalina,
desbordado de pasión prohibida.

Al fin tú y yo estaremos unidos
para saborear lo dulce y amargo
del néctar de nuestro gran amor.

Mil noches

Esperé mil noches por una noche contigo
te amé mil noches, te pensé muchas más,
mil noches sin verte; mil noches sin olvido.
recordando aquella noche; que no volverá.

Guitarra de él

Quiero saber de un amor
que llevo clavado en mi alma
y que nunca pude yo
llegar a su pensamiento.

Dime tu, guitarra de él
si cuando juntos vivimos
acaso llegó a quererme
como lo quise yo.

Dime tu, guitarra de él
hoy que hemos vuelto a vernos,
si él sintió lo mismo
que al verle sentí yo.

Solo tu puedes llegar
a saber, de sus sentimientos,
porque a ti es a quien confía
su alegría y dolor.

Dile tu, guitarra de él
cuando estés en sus brazos
que yo lo sigo amando
y que nada…en mi murió.

Tu guitarra y mis versos

Tu guitarra y mis versos
irán siempre unidos,
no importa la distancia
ni nuestra separación.

Momentos en nuestras vidas
imposibles de olvidar,
que solo tu guitarra y mis versos
pueden de ellos hablar.

Tu guitarra y mis versos
comparten recuerdos mutuos,
con ella me enamorabas…
me hablabas de nuestro mundo.

Yo te leía mis versos
plenos de adoración por ti
y te decían de lo mucho
que a tu lado fui feliz.

Porque existió un ayer
y después un nuevo día,
cuando yo te leía mis versos,
y las notas de tu guitarra
le hacían compañía.

Por esos momentos vividos
y muchas cosas más,
necesito volverte a ver,
hablarte de mis versos…
y escuchar de tu guitarra
melodías de nuestro ayer.

Nuestro reencuentro

Anoche escuché tu voz
que hizo borrar mi largo dolor.
¡Cuántos recuerdos llegaron a mi mente!
¡Cuánto regocijo a mi corazón!

"Señora que linda" repetiste al verme.
Pregunté si me conocías,
tu respuesta fue mi nombre
y..." eres parte de mi vida".

Quise llorar de alegría al sentirte cerca.
mi corazón cantaba con tu respiración,
mi cuerpo temblaba estrechado al tuyo
mi vida de nuevo sentía emoción.

Anoche, en nuestro reencuentro
acariciaste mi pecho, mi pelo, mi piel,
mi voz se quebrantaba al quererte hablar
solo pude decir.
¡Que lindo es volver a verte!

Anoche
después de tantos años
besaste mis labios... tu calor sentí,
nerviosa como una adolescente
me extasié en tu mirada
y hoy soy feliz.

La fuerza del amor

Tan cerca de mi vida está la tuya,
tan cerca y distante estamos los dos.
yo mirando tus manos acariciar tu guitarra,
tú, leyendo los versos que para ti escribí yo.

Dos almas añorando recuerdos del pasado
momentos sublimes, imposibles de olvidar,
aquellos tiempos, cuando juntos soñamos
con un mañana que nunca se haría realidad.

Así lo quiso el destino, éramos mar y cielo,
yo en tus aguas navegué sin miedo a naufragar,
tú fuiste el timonel que guiaba mi destino,
hoy sigues siendo la playa, donde yo sueño anclar.

Con ilusión recordamos cuando tu mágica guitarra
acompañaba mis versos declamados con amor,
en madrugadas sublimes, escuchando tu cantar
y tus labios sedosos queriendo mi voz callar.

Guitarra y libro quedaban, tirados al olvido
nuestros cuerpos sedientos querían amar.
Hoy después de dos décadas, el deseo sigue vivo
y el amor del pasado vuelve a despertar.

Dos décadas de nostalgia

Extasiada en tu voz escucho tu sentir.
Pasabas por aquella casa donde de ella nada queda
deteniéndote en su espacio para pensar en mí.
Aquella vieja casona donde tanto nos amamos
y siempre te preguntabas, por qué no estaba yo allí.

Por coincidencias del destino cerca de ahí has vivido
con frecuencia frente a esa casa tenías que pasar,
mi presencia sentías, aunque no me podías ver,
recordabas una época de amor, romance y placer.

Yo te buscaba en las noticias y revistas sociales
sabía que tu imagen algún día encontraría,
miraba tus fotos, recordaba nuestro pasado
y dolía una vez más mi adiós por cobardía.

Se que me pensabas más no podía acercarme
llegaban tus noticias y yo sin contestar,
dos décadas de nostalgia cargadas de recuerdos
pagando un alto precio por tu amor abandonar.

El destino así lo quiso era un amor imposible
yo busqué una salida para poderte olvidar,
pero dentro de mi alma igual que tu sentías
soñaba que algún día nos volveríamos a encontrar.

Ese día llegó cambiando nuestras vidas
en un encuentro de amor imposible de olvidar,
Dos décadas de nostalgias borradas en un momento
dando vida a nuestros sueños en un nuevo despertar.

Me miré en tu mirada

Brilla en mis pupilas la luz de tu imagen
que iluminó mi alma en nuestro reencuentro,
me miré en tu mirada, sentí el ayer,
de gozo lloré, al contacto con tu piel.

Tu guitarra celebraba nuestro reencuentro.
Tú pudiste sentir lo que por ti siento,
amor de primavera; llegó al otoño.
Siempre has vivido en mi pensamiento.

Fiel compañía siempre fue tu recuerdo
te amaba en el silencio de mi poesía,
escuchando las notas de tu guitarra
y aquella melodía, tan tuya, tan mía.

Fue una década difícil de olvidar
de mi poesía fuiste inspiración,
en nuestra distancia siempre te soñé
reviviendo la historia de nuestro amor.

Dos largas décadas, yo; sin ti a mi lado,
rogando diario al cielo, volver a verte,
sentir tu calor, mirarme en tu mirada
antes de que nos llame la triste muerte.

Que culpa tengo yo

Que culpa tengo yo sentir como siento
de querer ser en tu vida un lindo amor,
de amarte, imaginarte y desearte,
queriendo ser en tus días una razón.

Que culpa tengo yo que sea mi fantasía
abrazar tu lujuria enlazado a mi cuerpo,
desear acariciar tu voz; besar tu boca,
uniendo emociones de aquellos tiempos.

Que culpa tengo yo si al mirar tu retrato
recuerdo la noche cuando a mi llegaste,
dejando en mi piel eróticas sensaciones
que en mis ansias de mujer; tú despertaste.

Que culpa tengo yo de soñar aquel reencuentro
pensar por un momento que estarías conmigo,
sabiendo que eres feliz soñando en otro cielo
mientras yo sigo recordando lo vivido contigo.

Que culpa tengo yo que no exista otra voz
que despierte el deseo y mis ansias de amar,
que culpa tengo yo haber detenido el tiempo
en aquel último encuentro cuando te dije adiós

Que culpa tengo yo que escuchar tu guitarra
siga hoy siendo el motivo de mi inspiración,
que culpa tengo yo por no sentirme culpable,
si de ese pasado fuimos; autores los dos.

Regálame un amanecer

Te dije adiós, cuando más te amaba
llevando conmigo el eco de tu voz
pidiéndome volar en tu vedado cielo.
Viajé distancia queriendo olvidarte
senderos espinosos fueron mi guía,
pero siempre...
en el silencio del tiempo te soñé.
Esperaba el día que la vida
me anunciara el viaje de regreso
que me llevaría a tu encuentro.
Una vez más llego tarde, ¡lo sé!
Hoy que volvemos a vernos
visualizo el ayer
cuando nuestro jardín gozaba
de su mejor primavera
y el roció de tu cuerpo yo guardaba en mi piel.

Marcada están las huellas del tiempo
en tu rostro y el mío y en ellas...
una década de nostalgia.
Pero al mirarme en tu mirada
vuelvo a renacer.
Quiero añadir tiempo a mi vida
para una vez más florecer en tu jardín
antes que tú olvides como regarlo
o yo no recuerde de una rosa su color.
Regálame un amanecer
aún queda primavera
en nuestros días de otoño.
Te dedicaré la más delicada flor
perfumada con pétalos de recuerdos
y dos décadas de amor
que he guardado para ti
en mi jardín interior.

Regálame un amanecer
y enséñame como olvidarte.

Todo lo puedo

Puedo prohibirle a mi boca que pronuncie tu nombre
puedo escuchar tu voz y mostrarme indiferente,
puedo verte del brazo de otra, y fingir una sonrisa.
Todo lo puedo; pero no me pidas que deje de quererte.

Fuiste linda parte de mi historia

Anoche soñé en tu cuerpo, fuiste mi amante y amigo
fue una noche inolvidable; al fin estabas conmigo,
juntos en aquel lugar, aquel que siempre imaginé
lugar maravilloso que en mis fantasías edifiqué.

Era una linda habitación rodeada de luces y flores
yo acariciaba tu rostro, tú calmabas mis temores.
Tu guitarra cantando al ayer; y con una copa de vino
celebrábamos un reencuentro; regalo del destino.

Desperté y comprendí; que no puede ser realidad.
La razón me asaltó para decirme una gran verdad,
verdad que siempre ignoré y nunca quise aceptar.
Te amo; pero mi espera por ti debe terminar.

El alma queda destrozada cuando muere una ilusión
queda perdida en un abismo con llanto y desolación,
el amor es caprichoso y no quiere cambiar mi destino.
¿Sería diferente, si no hubiésemos desviado el camino?

Entre tú y yo se levanta un muro de sueños prohibidos
nunca se hará realidad que tú y yo estemos unidos.
En mis sueños de mujer, te llevaré en mi memoria
recordaré feliz que fuiste; linda parte de mi historia.

Anhelos por ti

Qué lindo seria sentarme a tu lado
una noche entera y poder conversar.
Que lindo seria apretar tus manos
acariciar tu cara y poderla besar.

Escuchar tu voz muy cerca de mí
conocer anécdotas de tu sentir,
secar tus lágrimas si te sientes triste
celebrar a tu lado si eres feliz.

Que lindo seria mirarte en silencio
sentir tu respiración en mi palpitar,
que sienta tu piel todos mis anhelos
y quedarnos dormidos en tiempo de amar.

Siempre en mis recuerdos

Buscando en mis recuerdos
encuentro momentos imborrables,
aquellos que contigo compartí
ocultos están en mi alma, y tu...
siempre en mis recuerdos.

Solo me queda tu recuerdo

Olvidar…
Si yo pudiera olvidar.

Pensar que nunca
te llegué a conocer,
o tal vez que solo fuiste
una aventura de amor.

Creer que la vida
nunca nos unió
y así poder olvidar
que también nos separó.

O tal vez no olvidar
que fue lindo quererte;
que de tu cuerpo y tu alma
recibí el calor.

Y olvidar por siempre
que no puedo verte;
que solo de ti tengo
el recuerdo de un amor.

Olvidar…
Si pudiera olvidar tu amor.

Tú y yo... mis veros y tu guitarra

Tú eres el despertar de mis noches de insomnio,
tus manos cantan melodías que nunca pude olvidar.
Tu presencia en mi vida hoy me lleva a recordar
un mañana que nunca se hará realidad.

Yo soy en ti la presencia de un sueño imposible,
yo soy el amor de antaño que nunca morirá,
Yo soy tu deseo, tu erótica fantasía
que en las cuerdas de tu guitarra siempre vivirá.

Tú eres y serás, en mi vida un gran amor
un sueño sublime imposible de olvidar,
Tú eres mi deseo, mi erótica fantasía
que en el silencio de mis versos siempre vivirá.

Seré el recuerdo de tus noches de invierno,
serás en mi otoño el canto a la soledad.
Seremos tú y yo una historia de amor
que en mis versos y tu guitarra siempre vivirá.

Momentos

No sentiré dolor por tu ausencia
puedo seguir amándote en silencio,
en mil versos de amor escritos para ti
en momentos guardados en mis recuerdos.

Búscame

Búscame
allí donde guardas tus recuerdos
en cada latir de tu corazón,
en cada dolor que asome a tu alma
en cada sonrisa que te regale el amor.
Búscame
Cuando creas que ya te olvidé.

Historia de nuestro amor

Si pudiera soñar, y regresar al pasado,
detendría el reloj justo, en aquel momento
antes de tomar mi más equivoca decisión
y no haber renunciado, a un gran amor,
que tanta vida me dio, que fue mi gran verdad,
y que hoy a pesar del tiempo, aún vive en mí.
Si pudiera soñar, y regresar al pasado
estaría escribiendo a tu lado;
la historia de nuestro amor.

Último adiós

Mirando tu cabello plateado llegan memorias,
días de recuerdos felices, noches de pasión,
décadas de nostalgia desafiando el tiempo
esperando el encuentro de un gran amor.

Te miré; allí donde todos admirados te veían
donde, sin tu saberlo yo también estaba
Extasiada en tus manos como en aquellos tiempos
melodías de nuestro ayer cantaba tu guitarra.

Se iluminaron las luces de aquel gigante teatro
yo, en primera fila para observarte mejor,
de pronto, sonreíste, me miraste y yo…

Afuera me esperabas; mis palabras se ahogaban
mientras tu lentamente a mi te acercabas
uniendo nuestros labios en un último adiós.

Lo mejor de ti

Si algún día llega a ti mi recuerdo
y piensas por un momento que te olvidé,
no hagas caso a tu pensamiento,
existen momentos inolvidables.
lo mejor de ti; vivirá en mi recuerdo.

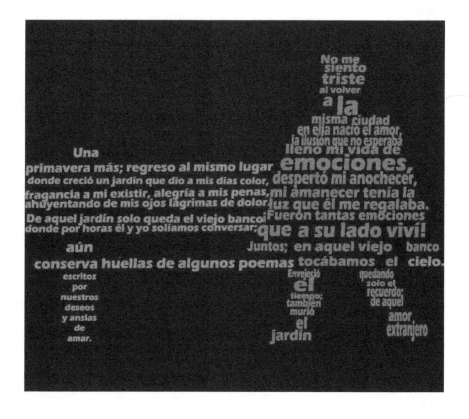

No me
siento
triste
al volver
a la
misma ciudad
en ella nació el amor,
la ilusión que no esperaba
llenó mi vida de
emociones,
despertó mi anochecer,
mi amanecer tenía la
luz que él me regalaba.
¡Fueron tantas emociones
que a su lado viví!

Una
primavera más; regreso al mismo lugar
donde creció un jardín que dio a mis días color,
fragancia a mi existir, alegría a mis penas,
ahuyentando de mis ojos lágrimas de dolor.
De aquel jardín solo queda el viejo banco
donde por horas él y yo solíamos conversar;
aún
conserva huellas de algunos poemas

Juntos; en aquel viejo banco
tocábamos el cielo.

escritos
por
nuestros
deseos
y ansias
de
amar.

Envejeció
el
tiempo;
también
murió
el
jardín

quedando
solo el
recuerdo;
de aquel

amor,
extranjero

Aquel poema

Aquel poema que escribiste un día
fue de todos, el más profundo y sentido,
quedó grabado en las fibras de mi alma
como testigo amante de mi tiempo contigo.

En aquel poema puedo ver la luz de tu mirada
mis labios acariciando tu pecho, siempre añorado,
oír de tu amante corazón el ritmo y palpitar
y de tu cuerpo el deseo de estar a mi lado.

Puedo escuchar palabras que nunca pronunciaste
que en el silencio de tu voz quizás querías gritar,
en el misterio de sus letras siento que me amaste
quizás; de manera diferente a mi manera de amar.

Tal vez fue poco lo que tú y yo nos entregamos
o fue demasiada intensa nuestra manera de amar,
no fue solo el deseo de nuestros cuerpos sedientos,
fue la fusión de nuestras almas, en un diario confiar.

Hoy que lejos te encuentras, me dejas otra bella razón
para siempre recordarte y poder aliviar mi pena,
te extraño; siento tu esencia en mí cada anochecer,
al leer una vez más; aquel poema.

Aquel viejo banco

Una primavera más; regreso al mismo lugar
donde creció un jardín que dio a mis días color,
fragancia a mi existir, alegría a mis penas,
ahuyentando de mis ojos lágrimas de dolor.

De aquel jardín solo queda el viejo banco
donde por horas él y yo solíamos conversar,
aún conserva huellas de algunos poemas
escritos por nuestros deseos y ansias de amar.

No me siento triste al volver a la misma ciudad
en ella nació el amor, la ilusión que no esperaba,
llenó mi vida de emociones, despertó mi anochecer,
mi amanecer tenía la luz que él me regalaba.

¡Fueron tantas emociones que a su lado viví!
Juntos; en aquel viejo banco tocábamos el cielo.
Envejeció el tiempo; también murió el jardín
quedando solo el recuerdo; de aquel amor extranjero.

Fuiste

Fuiste
días de luz
paz y alegría
fortaleza de mi existir
quien conoce mis pasos
regalo de ternura y pasión
quien puede leer mi sentir.
Fuiste el amor.

Aquellos momentos

Hoy quiero revivir aquel feliz pasado
que hace mil años tu y yo compartimos,
unidos cada noche sin hablar de amor
solo sexo y pasión, eso; tu y yo fuimos.

Comencé buscando en mi imaginación
hice un recorrido de aquellos momentos,
abrí mi atesorado baúl de los recuerdos
allí estabas tú, sin detener el tiempo.

Aquel poema con mi nombre en silencio
las calles de la ciudad que juntos caminamos,
tus fotos, tu sonrisa, aquel último beso,
la historia secreta que alguna vez dibujamos.

Con el tiempo no siempre llega el olvido
a veces llegan recuerdos de alegría y dolor,
y hoy yo aquí, en mis días de silencio y soledad
llegan los recuerdos; llega un suspiro de amor.

Pienso en ti

Hoy estoy pensando en ti
y no sé si te quiero un poquito más
o te estoy olvidando un poquito menos.
Le reclamo a mi corazón; quiero saber,
este responde- sus besos son ajenos.

Inolvidable

Como poder borrarte de mis recuerdos
y aquel mágico momento del encuentro,
te vi, besé tus labios, sentí tu aliento,
toqué tu piel y tú; excitaste mi cuerpo.

Aunque por muy distante de mi te encuentres
tu pudiste sentir lo que mi alma siente,
sentimiento que en mí siempre vivirá
por amor yo llegué a ti, y no me arrepiento.

Será una historia difícil de olvidar
en mis versos vivirás eternamente
y en mi soledad te volveré a amar.

Memorable experiencia viví a tu lado,
sueño en mis sueños que siempre me has amado
y que en tus brazos yo; volveré a soñar.

La magia de la poesía

Camino a tu lado saboreando el olor
de este peculiar y pequeño pueblo,
bebiendo un trago de la misma copa,
tu mirada y la mía perdida en el misterio.

La brisa del mar acariciando mis sueños,
tu sonrisa despertando deseos y fantasías,
abrazada a tu cuerpo, quemando tu calor,
el sabor de tus labios motivando mi día.

Llega el momento de nuestro intimo encuentro
yo vestida con tu piel, tu vestido de mi ser,
dibujando un mundo solamente para los dos.

La magia de la poesía me lleva a lo imposible
yo aquí, a través del tiempo, doy a mi vida color,
evocando nuestra historia en mis poemas de amor.

Fuiste tú

Fuiste tú
caricia de llovizna
que en mi otoño
mi alma empapaba.

Melancolía

Hoy me baña la cruel melancolía
la distancia es un constante lamento,
si pudiera tenerte cerca amor
para que sientas lo que por ti siento.

Tantos sueños por tu amor esperando
que se esfuman muy suave; lentamente,
mientras trato de olvidar el pasado
así arrancar tu imagen de mi mente.

Se que nunca se hará realidad
estar una vez más yo, junto a ti,
todo en la vida tiene su momento.

Pude regalarte mi fiel amor
amar tu vida, tu alma; ser feliz,
pero fui cobarde... y te perdí.

Somos

Somos un mundo, donde hay algo de ti, y algo de mí

Tú...el mejor de mis sueños

Tu llegada a mi vida fue la luz
que iluminó mi camino, dando vida
a mi vida y cambiando mi destino.

Pero todo principio tiene un final
y mis sueños ya lo alcanzaron,
tu enamorado amor nunca será mío,
toda espera, para llegar ti; será en vano.

Tú siempre serás mi más sublime sueño
del que quisiera nunca poder despertar,
sí; tú…el mejor de mis sueños en colores
como el color de una verde mariposa

que nunca quise dejar escapar.
Solo eso; un lindo sueño en colores
inolvidable, si… pero nada más.

Un amor a destiempo

De la vida he saboreado las alegrías
también con gusto amargo el dolor,
fracasos, grandes éxitos, altas y bajas
lealtad, desamor, tristeza y traición.

Después de tantos quebrantos recibidos
cuando ya creía solo me quedaba aflicción,
llegó él; despertando mi pasión dormida
nacen anhelos, ilusiones; llega el amor.

Y una vez más equivoqué mi sendero
lo que creí amor, solo fue una quimera,
mi tonto corazón soñaba en el futuro
hoy todo es diferente a como ayer lo viera.

quería un caballero que enamorara mi alma
en él lo encontré, logrando conquistarme,
le dio a mis días todo lo que yo anhelaba
más que su sexo, su sensibilidad yo amaba.

¡Vueltas del destino! Ayer después de años
lo vi frente a frente; me crucé en su camino,
mi cuerpo temblaba; mi corazón se regocijaba
al divisar ese hombre que cambio mi destino.

Hoy hago un recorrido a través de lo vivido
sí, lloré; emociones sentí, también fui feliz,
aunque sé que nunca mío será su amor
sigo amando su vida y lo que con el aprendí.

Un beso perdido

Encontré tú nombre en mis sueños
en un poema que escribí para ti,
cuando te creía parte de mi vida
soñando a diario tenerte junto a mí.

En mi oscuro camino fuiste luz y guía
en momentos de dudas, certeza,
en momentos de amor, alegría,
en momentos débiles, fortaleza.

Sin saber cómo, cambiaste mi destino
siendo dulce canto de ternura y amor,
entrega, sueños, ilusión y deseos
fuiste de mis letras la inspiración.

Llevo tu imagen, tatuada en mis pupilas
en mi alma las ansias de estar contigo,
en mis manos tu calor, y en mis labios,
el sabor y recuerdo, de un beso perdido.

Imborrable

Fueron muchos los años de historias compartidas
el tiempo se encargará de curar las heridas,
pero no borrará el recuerdo de lo vivido.

Como si fuéramos poetas

Unir nuestros cuerpos sin pensar en mañana
como si solo existiéramos tú y yo,
como fue en un principio, pasión y locura
dos cuerpos que se desean y el destino unió.

Y como si fuéramos poetas
hacer el amor sin importar medida,
en toda posición numérica posible
versos abajo o versos arriba.

Crear nuevas y eróticas fantasías
enlazar nuestros cuerpos sin pudor,
bañarnos de pasión y erotismo
y dejar correr nuestra imaginación.

Volar en una nube hasta llegar al cielo,
imaginar que somos dueños del universo
dibujarnos con el color de las estrellas
crear nuevos planetas con nuestros versos.

Perdernos en un mundo de pasión
donde una vez hicimos la gran locura,
de escribir un poema erótico y sensual
dibujado con el pincel de nuestra piel desnuda.

Guardar esos momentos como una gran película
que quedará grabada en nuestras mentes con pasión,
como una obra de arte de dos almas ardiente
buscando el placer, la lujuria y el amor.

Necesito olvidar

Si…necesito olvidar
para volver a amar,
necesito volver a amar
y en otro cuerpo el tuyo olvidar.

Te propongo

Te propongo
Cuando sientas mis desvaríos
regálame una frase cordial,
recuerdos anidan en mi alma
aunque trato, no puedo olvidar.

Te propongo
Que me ames en tus sueños
yo en los míos te venero,
tú fuiste y siempre serás
el mayor de mis anhelos.

Te propongo
Que no olvidemos el pasado.
que no olvides cuanto te amé,
la ilusión que diste a mi vida
lo que pudo haber sido y no fue.

Te propongo
Cuando yo me haya ido
no olvides nunca mi nombre,
admiré siempre al amigo
y mucho más amé al hombre.

Tú y yo frente a frente

…y me abracé a tu pecho por siempre anhelado
fui muy feliz; mi sueño había logrado,
y al calor de tu piel mi cuerpo temblaba
tu y yo frente a frente, momento anhelado.

Te amé de una y mil maneras

A veces te veo de lejos pasar,
viro la cara; nada siento,
sonrío; que felicidad saber
que ya olvidé tus recuerdos.

Pero cuando escucho tu voz
me invade la cruel nostalgia,
se alteran mis sentimientos
y voy perdiendo la calma.

Traigo tu cuerpo a mi cama
te imagino abrazado a mí,
nos arropamos en pasión
y de nuevo soy feliz.

No te amé, fue una fantasía
que forjé en mi imaginación,
¿cómo poder amarte tanto
si tan lejos estas de mi razón?

Despertaré de mi sueño
no creo en cuentos de hadas,
renunciaré a mis ilusiones
de que un día tú me amaras.

No lloraré tu partida
porque a tu forma y manera,
me has dado lo mejor de ti
aunque consiente no quieras.

Mis ilusiones te regalé
viví una dulce y loca quimera,
porque en mis sueños contigo,
te amé de una y mil maneras.

Renuncio

Quiero escribir al amor
como lo escribe un poeta,
no existe musa viviente
que logre inspirar mis letras.

Solo llega inspiración
si escribo pensando en ti,
niego, renuncio; no quiero,
aunque sigues vivo en mí.

Niego escribir a tu amor
amanecer de mis días,
lloraré tu triste ausencia,
queda en ti mi poesía.

Con la voz de mi silencio

Con la voz de mi silencio
declamé tus poemas
escritos con el dolor
de tus horas amargas.

Tus letras sublimes
me invitaron a recorrer
parte de tu historia
y de mi vida de ayer.

Nuestra forma de amar
tu dulzura y pasión,
tus huellas impregnadas
en mi cuerpo y corazón.

Recordando que tú fuiste
mi inspiración y alegría,
con la voz de mi silencio
quise escribir para ti.

Busque en mi sentir
el recuerdo de tu amor,
y solo pude encontrar
la sombra de un adiós.

¡Mil años!

Me acostumbraré a vivir sin tu presencia
y aunque de vez en cuando te extraño,
desvío mi pensamiento a aquellos tiempos,
cuando no te conocía; hace ya ¡mil años!

Valió la pena amarte

Nada me quitaste, conmigo se quedan las experiencias vividas,
aquellos momentos que juntos compartimos, serán eternos.
Valió la pena amarte.
Te di lo mejor de mí, también recibí de ti.
Disfrute nuestro tiempo y todo; se queda conmigo.

Cuando quiero sentirte cerca

Te miro por medio de un espejo imaginario
como en aquella linda tarde de primavera,
sentada frente a ti; tu mirada buscando la mía
penetrando mis sentidos de mil maneras.

Yo en silencio me extasiaba en esos ojos
que a través de tus lentes quemaban los míos,
generando sensaciones de inquietud y dudas,
excitación, deseos, anhelos; amor y ternura.

¡Cuántas cosas me decías en silencio!
¡Tantas y todas las pude escuchar!
Tu imagen en mi alma llevo guardada.

Será un momento imposible de olvida.
Cuando quiero sentirte cerca,
cierro mis ojos; y me miro en tu mirada.

Liberaré mis cadenas

Esta angustiante espera
por un amor imposible
debe llegar a su fin.
Nunca serás mío
ni yo tuya seré.

Navegaré otros mares
hasta encontrar una ola
donde pueda olvidar
que en tus aguas
desperté a la vida,
contigo, aprendí a soñar.

Y aunque en la playa
de mis anhelos,
quede tu imagen
dibujada en su cielo,
liberaré mis cadenas
y volveré a amar.

Negras nubes

Negras nubes se avecinan
derramando lágrimas de dolor
que mojando mis mejillas
hacen que duela tu adiós.
Pronto la tormenta pasará
el sol iluminará mi camino
y en un rayito de su luz
volverá a cambiar mi destino...

Lo que pudo haber sido y no fue.

En el baúl de los recuerdos
encontré tus cartas y fotos,
las tuve en mis manos; recordé,
cuando yo creía que tú y yo
podíamos ser felices y no fue.
Tus fotos guardé en mi almohada,
tus cartas, en mi mesita de noche,
cuando llega mi tristeza por soledad
acaricio mi almohada;
algo de ti… ahí está.

Da tristeza pensar que me fui con la gran pena
de no escuchar de tu voz una frase de amor.
El silencio a veces dice más que mil palabras,
tu silencio se convirtió, en la verdad de mi dolor.

Aún vive en mi recuerdo
nuestro último encuentro,
quise quedarme contigo
y a tu lado ser feliz.
Me pregunto ¿por qué?
Si tu supiste llegar a mi alma
y yo amé la tuya con frenesí.
Olvidaré los por qué,
y lo que contigo aprendí.

Ya no quiero pensar que te amé
ni recordar con tristeza…
lo que pudo haber sido y no fue.

Que nadie sepa

Que nadie sepa
que un día sin querer te amé
que amo tu alma, tu voz, tu vida,
que mis ansias lograste despertar,
que eres luz en mis noches sombrías.

Que nadie sepa
que en mis sueños de mujer estas tú
tu cuerpo, tu pecho, tu sexo, tu alegría,
tu esencia, tu pasión, enojo y buen humor
la magia de tu voz, despertando fantasías.

Que nadie sepa
que fui tuya en cuerpo y alma
que tú me enseñaste a sentir como siento,
que eres en mis días de oscura soledad
cascabel de alegrías; notas de felicidad.

Que nadie sepa

de mi gran amor y secreto sentimiento
que siento en mi aliento tu esencia;
que la luz de mis días, y luna de mis noches
Es verte llegar acariciar y disfrutar de tu presencia.

Que nadie sepa
Que tú, has sido mil noches, inspiración de mis versos
que por siempre amaré, lo que contigo aprendí.
viven en mi piel nuestros momentos,
aunque brote una lagrima, al estar lejos de ti.

de mi gran amor y secreto sentimiento
que siento en mi aliento tu esencia
que la luz de mis días, y luna de mis noches
ES tu llegada y disfrutar de tu presencia.

Ví tu silueta

Con el pensamiento extraviado
busco entre nubes tu figura,
queriendo encontrar la cordura
y olvidar mi triste pasado.
Con la esperanza ya perdida
voy viajando hacia las estrellas,
y no pude encontrar aquella
que lograra cambiar mi vida.
Te busqué en algunos planetas,
en Neptuno; vi tu silueta.

Yo quise tener un amor

Que al mirarme leyera mi pensamiento
en mis días de tristeza ahuyentara mi dolor,
y en mis noches de verano calmara mi calor.

Que supiera alimentar mi alma con una frase
regalarle mi risa con su simpatía y gran humor,
hacerme temblar con sus insinuaciones y pasión.

Escribir en su piel mis más eróticos poemas
entregarle mis anhelos y ansias de mujer,
soñar abrazada a su pecho cada amanecer.

Que sintiera lo mismo que yo siento
que al irse no se llevara mi inspiración,
dejando sin vida mis ansiados versos.

Yo quise tener un amor…Así como tú.

Algo te queda de mí

La voz que acompañó tu camino
en momentos de amarga desolación,
la satisfacción de ser luz en tus noches
aquella que lloró tu llanto de amor.

El cuerpo de mujer que dibujaste
en tus horas de ardiente pasión,
el eco de mi voz navegando tus ansias
el despertar de una mágica ilusión.

El regalo de ser, de mis versos inspiración
primaveras, veranos, años de entrega total,
anhelos, silencio, aventuras, encuentro,
momentos sentidos, que no podrás olvidar.

El triste recuerdo de lo que no pudo ser
mi felicidad de haber sido parte de tu vida,
el dolor por una frase sincera y cruel,
el sabor amargo de esta despedida.

Algo de ti y algo de mí

Soy la voz que acompaña tu camino
en momentos de amarga desolación,
eres la satisfacción de ser luz en mis noches
soy aquella que cubrió tu llanto y dolor.

Soy el cuerpo de mujer que dibujas
en tus horas de ardiente pasión,
eres la voz que navega mis ansias
dando vida, a nuestra mágica ilusión.

Eres el regalo sublime de mi inspiración
primaveras, veranos, años de entrega total,
eres el cuerpo desnudo que siempre he de amar.

Soy la felicidad de ser parte de tu vida,
eres el amor que me hace muy feliz.
Somos un mundo, donde hay algo de ti, y algo de mí.

Lloro tu recuerdo

Desafié al destino; quise quedarme contigo
llenar de colores nuestras vidas y a tu lado ser feliz,
olvidé que llegaba tarde, tu sueñas en otro cielo
hoy lloro tu recuerdo, y sigo pensando en ti.

Ahora que no estás

Ahora que no estás.

Que ya siento tu ausencia,
¿a quién escribiré
mis versos de amor,
mis ilusiones, mis fantasías
mi alegría y mi dolor?

Ahora que no estás.

Me duelen los días
las noches son largas
queriendo olvidar,
miro tu retrato
y vuelvo a recordar.

Ahora que no estás.

Busco tu nombre
ya no siento tus latidos,
mueren mis sueños y anhelos
pero vive en mí la imagen,
de mi dulce amor extranjero.

Sueños perdidos

Buscando en mis recuerdos encontré tu nombre
Junto a aquellos tiempos que vivimos los dos,
también encontré la sombra, de sueños perdidos
y mi alma afligida llorando por tu adiós.

Hoy se cumple un año

Hoy se cumple un año que vi tu rostro por última vez.
Un año…cuando la luz de tu mirada en mis ojos yo gravé,
la imagen de tu cuerpo en mis deseos dibujé,
la dulzura de tu alma, en mi alma yo guardé.
Y aunque ya no estas; cada amanecer llega a mí tu recuerdo,
me acompaña hasta caer la noche y ahí…eres solo mío.

En silencio
pronuncio
tu nombre,
llega a mí
tu recuerdo
y pienso en ti.
En nuestras
noches de amor
cuando
nuestros cuerpos
eran volcán
en erupción
motivados
por la fuerza
de un loco
y apasionado
deseo,
que dejó
nuestras almas
unidas y con
el anhelo,
de lo que
pudo haber sido
y no fue.
En silencio
pienso en ti
y escribo
mi mejor poema.

Te extraño…
¡Cuánto te extraño amor!

Ya te olvidé

Yo...ya te olvidé
¡Es cierto lo que digo!
Ayer te vi pasar
mi corazón
nada sintió, solo a mí llegó
el sonido de tu voz.

No me lastima tu ausencia,
en mi soledad miro tu retrato
¡Nada me provoca!
Solo recuerdo el momento
cuanto yo tenía tu cuerpo
muy cerquita de mi boca.

Y que hablar de tus llamadas
¡Ya no las evoco!
Siempre que suena el teléfono,
miro por curiosidad
y digo tranquilamente;
yo sabía que no eras tú,
sé que me olvidaste,
¡Pero a mí; que más me da!

Con los rayitos de sol
aparece tu imagen en mi mente,
como cuando me despertaba
bañada de tu amor ardiente,
y así paso mis días,
tranquila...porque yo; ya te olvidé.

Cuando llega la noche
¡No creas que siento nostalgia!
Miro otra vez tu retrato
para irme a dormir en calma
y ahí… llega a mí, tu figura
tu sexo, pasión y dulzura
y le digo a mi corazón;
¡Tranquilo, que yo, ya lo olvidé!

Pero el pasado es traicionero
quiere confundir mis noches,
lo desafío mirando tu retrato
y mi fantasía hace de este, derroche.
Te quedas en mi cuerpo,
reviviendo cuanto te disfruté
y aun así estoy convencida,
¡Que yo, ya te olvidé!

Fuimos cobardes triunfo el destino

Soy la mujer que espera
que descubras en mí mirar,
que quiero se ser parte de tu vida
y juntos conjugar el verbo amar.

Eres el amor que ansío
la inspiración de mis letras,
sin ti, vivo en un mundo
sin emociones; solo tristezas.

Eres el silencio que me acompaña
eres mi culpa, desvelo y verdad,
alegría cuando escucho tu voz
música en mis horas de soledad.

Eres a quien quiero en mi cama
en mi mesa, también en mi sala,
hacer de los dos un solo corazón,
unidos, sin pensar en mañana.

Soy quien vive oculta en tu pensamiento
en ese vuelo de amor que no se realizó,
quizás la vida nos dé una sorpresa,
volver a encontramos antes del último adiós.

Quise ser un motivo en tu vida
regalarte mis ansias y pasión,
fuimos cobardes triunfo el destino,
negándonos el vivir un idilio de amor

Así lo quiso el destino

Hoy te sentí tan cerca
que recordé aquel ayer,
conquistando mi alma
y mi cuerpo de mujer.

Cuando llegaste tú
alteraste mi corazón,
diste vida a mi vida
despertaste mi pasión.

Todavía te recuerdo
y te siento en mi ser,
fuiste luz en mi camino
de mis días amanecer.

Después de tantos años
añoro aquel encuentro,
quedó gravado en mi piel
y duerme en mi recuerdo.

El tiempo no ha logrado
que deje de sentir el calor,
de tu andar apasionado
que desordenó mi razón.

Pero el reloj no perdona,
nunca estaremos unidos,
murieron las esperanzas
así lo quiso el destino.

Dos que fueron amantes

Disculpe mi sinceridad respetable caballero
solo quiero su amistad sin envoltura de amor,
usted se ha confundido creyendo que yo lo amo
entienda bien caballero, mi corazón está programado.

Ya no puedo dar amor, lo que un día fue no será
un día dije "te amo" mi voz no lo repetirá,
si hoy lo busco tranquila, queriendo un rato platicar
solo quiero ser su amiga teniendo en quien confiar.

Si cuando usted me llama no demoro en contestar
no es sentimiento de amor; es que me gusta charlar,
y si algún día al pensar en mí, le llega aquella canción
aunque el destino se opuso; fue usted mi gran ilusión.

No confunda mis sentimientos ya no lo amo; lo quiero,
solo deseo ser su confiable amiga, mi respetable caballero,
quiero un amigo sincero a quien le pueda hablar sin un día
llegan a mis algunos recuerdos y me invade la melancolía.

Mi inolvidable caballero usted decide que hacer conmigo
solo deseo ser su mejor amiga, dejo en sus manos mi destino.
Cuénteme sus historias de alegría y dolor como antes,
dialoguemos unidos por la confianza; de dos que fueron amantes.

Así fue

...y todo fue tan rápido.
Tu llegada
un suspiro
una mirada
un fuerte abrazo
un beso robado.
Silencio.
Una lágrima,
distancia,
y llegó el adiós.

Quise secuestrar tu amor

Tiempo de sueños y esperanzas
de un día secuestrar tu amor,
de tenerte muy cerca de mí
calmando mi ansiedad y pasión.

El tiempo corre muy de prisa
no seguiré esperando tu llegada,
quise secuestrar tu dulce amor
tu vida, estaba acompañada.

Eso fuiste tú; un amor imposible
que llegó a mi lado a destiempo,
a tiempo para enamorar mi alma,
conquistar mi cuerpo y mis ansias.

Siempre recordaré esos momentos
tu amor me hizo feliz, no causó dolor,
fue un regalo divino conocerte
aunque no pude; secuestrar tu amor.

Nostalgía

Hoy amanecí pensando en ti.
vi tu rostro, tu sonrisa,
escuché tu voz,
quise sonreír, no pude.

Quise llorar,
se ocultaron mis lágrimas,
quise olvidar; no fue posible,
entonces recordé...

Tus cartas, las mías, aquel poema,
y esa canción; parte de aquellos días
que no he de olvidar

porque tu cambiaste mi destino
enseñándome el camino
para volver a amar.

Soñar y sentir

Sueño que eres solo mío
yo tu única y preciada gema
y con el pincel de mis labios
en tu pecho escribo un poema.

Sueño navegar en tu cama
hacerte el amor con mi boca,
que sientas mis ansias y delirio
y todo lo que me provocas.

Sueño mirarme en tu mirada
leer en ella tu oculta verdad,
descubrir tu intimo secreto
y que seas tú mi felicidad.

Sueño que me abrazas
tu calor en mi piel siento,
nuestros cuerpos enlazados
yo queriendo detener el tiempo.

Sueño besar tu boca
que acaricies mi pasión
y vivir por siempre
prisionera de tu amor.

Sueño estar en tu sexo
tu cuerpo desnudo navegar,
sueño y sueño que me amas
y no quiero despertar.

Seguiré mi viaje

Esperando tu regreso se me va la vida
y tu quizás, ni recuerdas mi imagen.
Seguiré mi viaje, con la honda pena
que no pude conquistar tu alma,
y con el gran gozo de sentir,
que te cruzaste en mi camino.

Siento envidia

De la imagen que aparece ante mis ojos
cuando miro tu retrato y te siento en mis antojos,
siento envidia del recuerdo, que refleja ese momento,
siento tu cuerpo en mi cuerpo, acariciando mis sueños.

Siento envidia
del aire, que acaricia tu rostro
del sol, que calienta tus sentidos,
de la luna, que ilumina tus noches
de tu voz, que alegró mi camino.

Siento envidia
de aquel poema, que guarda mi nombre
del tiempo, que alejó de mí tu cuerpo,
de la musa, de tu inspiración,
de la noche, que me robó tu sexo.

Para no sentir envidia vuelvo a recordar…

Que una vez yo fui en tu vida; aire, sol y luna,
fui voz, fui poema, fui tiempo de amor en tu cuerpo,
musa de tu inspiración, fui noches de lujuria y desvelo.
Fuimos tú y yo...bajo un arcoíris que dio color a mi cielo.

Tres primaveras

Hoy al escuchar tu voz
vuelven a mí los recuerdos,
primaveras, poemas, ternura
pasión, deseos y sueños.

Recuerdo cuando te conocí,
tu voz sensual y apasionada
aquella inolvidable primavera,
mi instinto de mujer despertaba.

Hemos vivido tres primaveras
desde aquel primer encuentro,
hoy como ayer te sigo deseando
queriendo estar atada a tu cuerpo.

Conquistar la dulzura que hay en ti
bañar tus días de ternura y calma,
vivir por siempre a tu lado
quererte con amor del alma.

Compartir mi vida con la tuya
en nuestro secreto y común universo,
haber sido la dueña de tu amor
contar nuestra historia en versos.

Embriagarme en tu pecho desnudo
disfrutar del amor enamorado,
el paso del tiempo todo lo cambia
no volveré a estar a tu lado.

Si un día la vida nos vuelve a encontrar
levantaré mi copa, por amarte a mi manera,
por lo que pudo haber sido y no fue
y por estas tres primaveras.

Tu recuerdo

¿Cuánto durará tu dulce recuerdo?
No me deja nuevos caminos andar,
tu imagen vive en mi pensamiento
no he logrado tu recuerdo borrar.

Quizás porque llegaste a mí vida
cuando ya nada de esta esperaba,
mi corazón lloraba traicionado
y mis sueños, dormían, derrotados.

Del amor ya nada mi vida esperaba
segura estaba nunca volvería a amar,
mis días eran solo de tristeza y llantos
despertaste tú, mis deseos y ansiedad.

Empecé a sentirme mujer nuevamente
cuando llegaste con dulces frases a mi lado,
sin saber cómo ni cuándo me conquistaste
y te empecé a amar sin ningún reclamo.

Creí que eras el final de mi camino
todo en ti me atraía y apasionaba,
tu voz, tu cuerpo, tu sexo, tu alma
la afinidad que a ti y a mí nos bañaba.

Listo estaba el equipaje de mi vida
quise quedarme por siempre a tu lado,
soñar en tus brazos, dormir en tu pecho
que sintieras mi alma y corazón enamorado,

Pero en la vida todo está siempre escrito
no sería mío ese gran sueño de amor,
se desvió en dos el camino a seguir,
tú escogiste el tuyo, a mí me tocó sufrir.

Duerme la poesía

Sin ti
no tengo inspiración
solo…
lágrimas en mi mejilla.
Mi alegría se convirtió
en tristeza y desolación.
Desde que te fuiste
vivo de tus recuerdos
y mirando tu retrato
mitigo mi dolor.
Sin ti
duerme la poesía.

Allí a la orilla del río

¡Como poder olvidar nuestro lugar de citas!
Allí; a la orilla del rio,
donde por tantos años solíamos conversar.
A pesar de tu ausencia extraño todo de ti
eras mi luz, mi inspiración, mi compañía.
Decidí regresar allí; a la orilla del rio
recordar aquellos inolvidables momentos,
momentos de sueños, ilusión y alegría.
Mi corazón palpitaba, mis manos temblaban
al divisar tu sombra que a lo lejos yo veía,
tuve miedo; no sé si me buscabas.
Me alejé, quise hablarte, pero no pude.
Regresé al pueblo, quise olvidar,
pero tu recuerdo fue más fuerte y regresé.
Ya no estabas, pero allí estaba tu esencia,
allí; a la orilla de rio.
Y aunque nunca más escuches mi voz
y creas una y mil veces que te olvidé,
aquel día te sentí, te soñé y te amé,
porque en mi alma por siempre vivirás
y buscando tu recuerdo,
algún día regresaré allí; a la horilla del rio.

Resistiré

Resistiré
El silencio de mi soledad
el desdén de un amor anhelado,
el recuerdo de un amor ingrato,
el sueño de amar y no ser amada.

Resistiré
Aceptar que solo fue una quimera.
Resistiré todos los contratiempos
y todos, venceré dignamente erguida,
porque no he tenido fracasos,
solo experiencias que me da la vida.

Resistiré
Olvidaré, y volveré a amar.

Soy fui y seré

Fui
Regalo de amor en tu vida
noches de pasión y lujuria.

Quise ser
Brindis de felicidad
luz de tu amanecer
tu poesía de amor
tu mejor recuerdo.

Soy
Una copa vacía
una alcoba sin luz
un poema sin versos
olvido en tu andar.

Seré
Lo que lo que el destino quiere que sea.

Te busco y no te puedo encontrar

Te busco en el aire, las flores y el mar
en la voz de un poema que hable de amar,
te busco en la brisa de la mañana
y cuando entra el sol por mi ventana.

Te busco donde habita el dolor
o en la melodía de una canción,
al caer el sol y al llegar la noche
cuando la inspiración hace derroche.

Estás en una barca a la deriva
donde no existe amor ni despedida,
te busco en mis días de ansiedad
buscando alivio a mi soledad.

En el afán de feliz querer ser
confundiendo amor por placer,
es el precio que debo pagar
para aliviar mi diario despertar.

Amiga inspiración; la culpa es mía
por no sentir amor en su compañía,
no llena mi ideal, ni mis sentimientos
mutila mis letras, es lo único cierto.

Lucho con mi otro yo en mi pensar
simulando día a día feliz estar,
consiente que puede llegar el final
tratando mi musa despertar.

Amiga inspiración…
te busco y no te puedo encontrar.

Un amor a destiempo

De la vida he saboreado las alegrías
también con gusto amargo el dolor,
fracasos, grandes éxitos, altas y bajas
lealtad, desamor, tristeza y traición.

Después de tantos quebrantos recibidos
cuando ya creía solo me quedaba aflicción,
llegó él; despertando mi pasión dormida
nacen anhelos, ilusiones; llega el amor.

Y una vez más equivoqué mi sendero
lo que creí amor, solo fue una quimera,
mi tonto corazón soñaba en el futuro
hoy todo es diferente a como ayer lo viera.

Quería un caballero que enamorara mi alma
en él lo encontré, logrando conquistarme,
le dio a mis días todo lo que yo anhelaba
más que su sexo, su sensibilidad yo amaba.

¡Vueltas del destino! Ayer después de años
lo vi frente a frente; me crucé en su camino,
mi cuerpo temblaba; mi corazón se regocijaba
al divisar ese hombre que cambio mi destino.

Hoy hago un recorrido a través de lo vivido
sí, lloré; emociones sentí, también fui feliz,
aunque sé que nunca mío será su amor
sigo amando su vida y lo que con el aprendí.

Quiero volver a escribir

Ya no tengo inspiración
trato y no puedo escribir,
solo afloraban mis versos
cuando estabas junto a mí.

Mis ilusiones han muerto
mi corazón no palpita,
emociones del pasado
ya no las puedo sentir.

Se fueron con tu partida
todavía bien recuerdo
aquellos tiempos de amar.

Quiero volver a escribir
quiero soñar otro cuerpo,
quiero el tuyo ya olvidar.

Yo te amé

Duele pensar en ti y descubrir que no te amo
duele querer ser tu amiga y tu creas lo contrario,
te quiero y te querré, siempre serás especial
te quiero, y quiero tenerte como un amigo más.

No fue fácil aceptarlo, también un poco sufrí
no te juzgo ni reprocho, el amor no se fabrica,
yo te amé sin que me amaras; la vida es así.
No me arrepiento de ese tiempo; contigo fui feliz.

Te odio y te quiero

Me buscas…
En aquel lugar; donde un día nos amamos
no supe que decir al tenerte cerca y fingí,
no quiero que sepas que no te he olvidado
que cada noche en mis sueños, estas junto a mí.

Mis días lloraban al sentir tu ausencia
borrando los recuerdos de aquella primavera,
mi corazón dolía, igual te seguía deseando
y te seguía amando como la vez primera.

Mis sueños dormían también mi motivación
nada emocionaba mis días, en silencio me rendí.
Hoy llegas a mi lado; evoco los momentos
revives mi inspiración y escribo pensando en ti.

No escribiré que te amo, quizás no sea verdad,
tampoco sé si te odio, esa es mi realidad,
solo sé que te necesito en mi diario vivir,
porque te odio y te quiero; así es mi sentir.

Siempre tu recuerdo

Hoy quise escribir un poema diferente
miré entre la gente buscando inspiración,
llegaron mis letras, al mirar la naturaleza
y comencé a escribir, extasiada de emoción.

Se interpuso como siempre tu recuerdo
detuve mi pluma, y cambié mi pensar,
una vez más se abrumó mi pensamiento,
rompí lo antes escrito; no lo pude evitar.

Regrese a mi mesa, quería de nuevo escribir
escribí que te olvidé; que no te quiero ver,
mentí por orgullo, o quizás por cobardía
y comenzó de nuevo; esta cruel melancolía.

Me alejé de mis letras; quería olvidar
me refugie en el bullicio de mi soledad,
quise ordenar mis confusos sentimientos
y descubrir de una vez; mi triste realidad.

Hoy decido escribir lo que mi alma siente
mi pluma se desliza, y sin poderlo yo evitar,
tu imagen de nuevo se refleja en el papel
y escribo a tu nombre; una, y otra vez.

Destino

Nadie es culpable de lo sucedido
ni tú, ni yo, podemos controlar
los designios del destino,
solo me toca aceptar y olvidar.

La atracción física fue inmediata
la afinidad y simpatía rápido llegó,
el deseo y la pasión la persiguió
sin saber cómo, mi sentimiento cambió.

Jugamos con el placer y el amor
acariciaste mi sexo, el tuyo me embrujó,
me abrigué en tu pecho, dibujé tu cuerpo
deseos que mis ganas nunca superó.

No sufrí, no lloré, pero si te añoré
eres el sueño que no pude alcanzar,
ese viaje de amor que no puedo olvidar.

Te siento en mis ansias de mujer
penetrando cada poro de mi piel,
te sigo deseando; igual o más que ayer.

La adversidad fue más fuerte y nos separó,
sin yo quererlo quizás tampoco tú,
por orden del destino todo a su fin llegó
creció mi amor por ti, después que te perdí.

Hoy volví a nuestro lugar de citas
no pude ver tu rostro, pero escuché tu voz,
te sentí en mi cuerpo, nada fue diferente
solo que desconoces, lo que aún siento yo.

Si algún día el destino nos pone frente a frente
nunca sabrás que no he logrado el olvido,
aunque mi cuerpo tiemble por el deseo de tenerte,
te diré simplemente… no fui feliz contigo.

A veces llegan los recuerdos

Quiero tener un recuerdo inmenso
tan gigante como el universo,
quiero el poder controlarlo con mi memoria
y los recuerdos tristes borrarlos de mi historia.

Quiero un mundo de recuerdos felices
y nunca recordar los que fueron gran dolor,
quiero solo recordar aquellos momentos
que despertaron mi ilusión, mi sonrisa y mi amor.

A veces llegan los recuerdos.

Renuncio

Quiero escribir al amor
como lo escribe un poeta,
no existe musa viviente
que logre inspirar mis letras.
Solo llega inspiración
sí escribo pensando en ti.
Niego, renuncio, no quiero
aunque sigues vivo en mí.
Niego escribir a tu amor
arcoíris de mis días
lloraré tu triste ausencia,
queda en ti mi poesía.

Quizás

Quise escribirte un poema
que calmara mi ansiedad,
pero leí en el silencio de tu voz,
olvido…como gran verdad.

No siempre los sueños
se convierten en realidad,
hoy mis sueños mueren
al fin despierto a la realidad.

No habrá heridas ni reproches
el amor nace; no se fabrica,
quizás te recordaré en mis noches
o quizás; olvidaré tu nombre.

Poquito a poco

Poquito a poco llegaste a mi vida
poquito a poco me fuiste conquistando,
poquito a poco te fui conociendo

Por eso…
poquito a poco; me fui enamorando.

Poquito a poco robaste mi alma
poquito a poco a la tuya llegué,
poquito a poco pasaron los años

Por eso…
poquito a poco; de veras te amé.

Poquito a poco cambiaste tu destino
poquito a poco y no fuiste sincero,
poquito a poco derribaste mi vuelo

Por eso…
poquito a poco; recordar no quiero.

Poquito a poco traté de olvidarte
poquito a poco y ya lo conseguí,
poquito a poco otro amor llegó

Por eso…
poquito a poco; vuelvo a ser feliz.

Mi poesía

Mi poesía es un encuentro casual con la vida y sus emociones.

Bajo el cielo de París.

cuerpo

mi

Estremeciste

a mí!

¡Llegaste

imaginé;

Te

erotismo

de tu

fuego

y el

de tus besos

el sabor

en mi boca
Quería llevar
llegaste a tiempo
Aunque no
lejana   sentí!
muy   ¡Té
tierra   recuerdo
en una   tu
allí;   llegó
Y yo, bebiendo una copa de vino
la distancia robó nuestro encuentro
el calor de tu cuerpo bravío
llegada   piel
tu   en mi
      llevar
Esperé   anhelaba

Bajo el cielo de París

Esperé tu llegada.
Anhelaba llevar en mi piel
el calor de tu cuerpo bravío.
la distancia robó nuestro encuentro.

Y yo; bebiendo una copa de vino
allí; en una tierra muy lejana,
llegó tu recuerdo ¡Te sentí!
Aunque no llegaste a tiempo.

Quería llevar en mi boca
el sabor de tus besos,
y el fuego de tu erotismo.

Te imaginé. ¡Llegaste a mí!
Estremeciste mi cuerpo
Bajo el cielo de Paris.

Un encuentro casual

Llegaste a mí
de forma inesperada,
un encuentro casual
nos unió un día.

Hoy eres el amante
sincero y seductor,
das calor a mis noches
y motiva mis días.

Tú eres primavera
que perfuma mi atardecer.
Tú eres fuego encendido,
yo, llama de tu placer.

Me envuelves con tus besos
dulces; con sabor a miel,
tu pasión sensual y ardiente
llegó para saciar mi sed.

Dibujo tu cuerpo con mis ganas
alteras mi instinto de mujer,
en las noches espero tu llegada
tu sexo me cautiva; me hace renacer.

Tocará a tu puerta...

No busques el amor, la aventura o compañía, si
está destinado a ti; tocará a tu puerta.

Brisa de primavera

Abrí mi ventana a la vida
y por ella entró lo que anhelaba,
la brisa de una nueva primavera
que tanto mi piel añoraba.

Soy una mujer renovada
he dejado que me hable la pasión,
pasión de un encuentro casual
que el destino para mi guardó.

Siento mis deseos vibrar
recibo de su brisa el frescor,
brisa de primavera
que mi cuerpo conquistó.

Renací con su dulce beso
hoy puedo olvidar el ayer,
puedo soñar, puedo reír,
puedo en su cuerpo…
sentirme mujer.

Arcoíris

Es primavera en mi piel desnuda.
Cae la lluvia de tu enérgico manantial.
Después de la sequía, florece mi jardín,
nace un arcoíris; en tiempo de amar.

La tecnología me robó tu erotismo

Me buscas una vez más, en tibia noche de junio.
Llega en silencio tu aviso, y tu llamada espero,
la tecnología me robó tu erotismo tan deseado,
haciendo de mi noche, un largo y cruel desvelo.

Cierro mis ojos y te veo ahí…
regalándome aquel apasionado; primer beso,
llevándome con sutileza al sofá de la locura
dejando mi piel ansiosa; en tu sexo preso.

Te invito al lecho, sonríes; avivas mis deseos
mi cuerpo trémulo, me impide reaccionar.
Fuiste caballero, paciente, sutil y halagador,
me hiciste tuya, con dulzura y gran pasión.

Poco a poquito calmaste, mi timidez
dominaste mis ansias, y me dejé llevar,
me enseñaste el gozo de tu sexo bravío
amante que domina, el arte de conquistar.

Tu seducción al hacerme el amor; me atrapa,
desaparece mi calma; mis ganas se desatan,
eres fuente de placer, amante provocador,
cautivador de mis sentidos, fantasías y pasión.

Quiero soñar que pronto; a mi volverás,
a sellar mi boca con la pasión de tus besos,
a regalarme el gozo de un encuentro casual,
a saciar las ganas que tengo…de tu rico sexo.

Tú en mí

Una copa de vino, tu voz,
la noche...Tú en mí.

Ven... regálame otra noche

Me rendí ante el apasionado beso de tu boca
que mis labios creían por temor, inalcanzable,
sin promesas ni mañana; solo locos amantes
de un encuentro casual y un sexo inolvidable.

El sabor de tus besos aún baña mis labios
tu fuego varonil quedó gravado en mi cama,
el licor de tu cuerpo anida en mi vientre,
el aroma de tu piel duerme en mi almohada.

Contigo desnudo mis dudas y fantasías
doy rienda suelta a mi loca imaginación,
en un encuentro casual, libre; sin ataduras.
Búscame una vez más; ven y hazme el amor.

Ven a renovar aquel encuentro inconcluso
mi cuerpo espera; tiembla ansioso de placer.
Eres el más atrevido de todos los amantes,
ven enciende mi piel como lo hiciste ayer.

Te acercas, me seduces y yo pierdo la razón
me entrego al deseo que tú me provocas,
me imagino en tu sexo volcán en erupción
dibujando tu cuerpo con el pincel de mi boca.

Alteras mi mente, despiertas mis fantasías
no puedo resistirme a tu sensual provocación,
dominas mi cuerpo al imaginarte desnudo
entrando en mi vientre, ardiente de pasión.

Aroma

El reloj camina lento
mi corazón se acelera,
esperando la llegada
de mi nueva primavera.
Sentir el aroma de sus flores
muy cerquita de mi piel,
acariciar sus pétalos…
¡Exquisito placer!

Luna de Octubre

La luna de octubre me trajo mi deseo más anhelado
Tener tu cuerpo desnudo en mis labios atrapado,
tus besos en mi boca, tus manos en mis senos
las mías en tu sexo, nuestra ropa en el suelo.

Me tumbas en el sofá, ahí comienza el desenfreno
tu morbo altera el mío, tu alucinante sexo yo quiero,
nuestros cuerpos se unen, nuestras mentes se enlazan
nacen nuevas fantasías; nuestras lujurias se abrazan.

Desaparece mi timidez cuando en tu cuerpo navego,
sabes como provocarme, y a tus deseos me entrego.
Los espasmos de tu placer hacen bailar mis caderas,
en movimiento directo al fuego de tu hoguera.

Al ritmo de tu lujuria, al compás de tu seducción,
mi cuerpo obedece al tuyo y excitado entra en acción.
Dominar tus fantasías, desordenó mi razón,
dejando en mi erotismo alucinante sensación.

Tu complicidad me llevó, al supremo de lo morboso,
me enseñaste un nuevo placer, para mi cuerpo y tu gozo,
estremeciste mis ganas de mil maneras diferentes,
nunca antes había sentido, tanto placer en mi vientre.

Así como te imaginaba enloqueciéndome de placer
tu genial maestría varonil, hizo de mi otra mujer.
Hoy se pasea mi imaginación sobre tu sexo candente
mientras mi cuerpo clama…Quiero volver a tenerte.

Al mirar tu retrato

De manera inevitable, siento mi boca navegando
tu sexo como aquella noche.
Siento el palpitar de tu pecho, tus besos y tu
cuerpo bravío quemando mi piel,
siento tu pasión y lujuria penetrando en mí.

Te siento…al mirar tu retrato.

Tu cuerpo bravío

Amante apasionado, explorador de aventuras
como un nuevo amanecer, llegaste a mi vida,
regalando a mi otoño tu brisa primaveral,
haciendo que yo olvidara, las hojas ya caídas.

Tu ardiente y dulce beso, despertó mi pasión
estremeció mis deseos, desató mi lujuria,
me quemé en el fuego de tu cuerpo bravío,
dibujaste mi piel; con dulzura y fina furia.

Serás el mejor amante que mi cuerpo recordará
cuando llegue el momento de decirnos adiós,
llenas mis noches de exquisitas sensaciones
regalo mágico; que a mi puerta un día llegó.

Tú serás esa aventura, que a nadie contaré,
yo seré en ti el nombre; que siempre callarás,
pero en mi piel, y en tus eróticos recuerdos,
la huella de nuestro sexo; por siempre vivirá.

Impregnado en mí

¿Qué tienen tus besos que me vuelven loca?
¿Qué tienen tus manos, cuando me tocan?
¿Qué tiene tu voz que altera mi pasión?
¿Qué tiene tu sexo, que pierdo la razón?

Tu sexo seguirá siendo mi inspiración

Hoy estoy pensando en ti y en…Tu cuerpo
en lo que quiero hacer contigo y sin espera,
invitarte a mi cama; jugar hasta el amanecer
aunque después nunca más, te vuelva a ver.

Hoy; un aniversario más de aquel encuentro
en el que tu cuerpo y el mío se enlazaron por 7 horas,
jamás imaginé, que la magia de la vida me guardaba
tu sexo primaveral y exquisito, que mi piel añora.

Cuando pasen los años y recuerdes nuestra aventura
podrás decir con firmeza, que, en mi camino recorrido,
nadie me hizo vivir noches tan morbosas y excitantes,
como las que viví contigo; en tu sexo lujurioso y atrevido.

Mi sed de ti

Llega a mi recuerdo
aquella mágica noche
de nuestro primer encuentro.
Pienso en tu sexo, mi vientre te clama
ven; invade mis ganas penetra mi cuerpo
hasta sellar en gemidos nuestro reencuentro.

Quiero

Hacerte el amor
de mil maneras diferente
dibujar con mi boca
la desnudez de tu piel,

besar tu cuello, acariciar tu espalda,
bajar a tu centro una y otra vez.

Amarte sin timidez ni pudor alguno,
hacer de tu sexo un gran derroche,
cabalgar en lo que te hace viril
ser tu amazona toda una noche.

Sentir tu ardiente presión en mí,
hasta que tus fuerzas se extingan,
tocar tus mejillas suavemente,
pedirte que me des... Lo mejor de ti.

Aquietar con mis ganas tu erotismo
recorrer tu piel lentamente,
besar tus labios, morder tu pecho,
beber el licor que brota de tu fuente.

Ven a mí; búscame una vez más
mi cuerpo febril te anhela,
regálame el placer de tu sexo,
no hagas más larga mi espera.

Ganas de ti

Hoy tengo ganas
de embriagarme con tus besos.
Recorrer tus fantasías
de mil maneras diferente,
sentir el fuego de tu sexo bravío
estremeciendo mis ganas y mi vientre.
Hoy; tengo ganas de ti.

¡Si yo tuviera la magia de los reyes magos!

Si yo tuviera la magia de los reyes magos
para despacito, despacito, entrar por tu ventana,
despacito y sin miedo colarme en tu cama,
mirarte un ratico mientras tiemblo de las ganas.

Arder de placer al mirar tu piel desnuda
calzar tus muslos despacito con tu almohada,
y en tu profundo sueño con mis ansias lujuriosa
despertar tu virilidad y llevarla hasta mi boca.
Que tu orgasmo bañe mi voz y me haga enmudecer
saborear tu espasmo, despertando en mi paladar,
y ya despierto juntos viajar; a tu encuentro morboso
comenzar un nuevo dialogo, entre tu cuerpo y mi gozo.

Sentir tu juego lascivo descontrolando mi mente
beber de tu sexo esa rica y mágica fiebre loca,
saborear tus besos; dulces, como frutas del caney
ardientes como el fuego, que en mi cuerpo provocan.

Si yo tuviera la magia de los reyes magos,
repetiría el encuentro de aquella noche de octubre
siete horas cabalgando en tu fuego ardiente
tú; como potro bravío, enfureciendo mi vientre.

¡Si yo tuviera la magia de los reyes magos!
¡Cuántas cosas yo te haría!

Por una noche más

Por una noche más, de placer contigo, navegaría yo los 7 mares.
Surcaría los cielos elevándote con mis ganas a las estrellas.
Serías testigos de tu más lujuriosa y morbosa noche de pasión,
tu cuerpo en mi boca; mojados tu y yo, hasta el amanecer.

El secreto de mis noches

En esta noche pienso en ti.
Recuerdo aquella noche
y algo sucede en mi cuerpo,
se conecta con mi mente
y alteras mis pensamientos.

Sin saber cómo, te siento en mí.
Miro alrededor, y tú no estás,
despierta mi morbo al pensarte,
tengo ansias de ti, de saborearte
allí donde tu gozo aumenta.

Tengo hambre de tu cuerpo bravío.
Acudo al secreto de mis noches;
la foto de cuerpo desnudo
vestido solo de tu ardiente pasión,
¡y ahí se altera mi imaginación!

Que rica sensación imaginarte así
provocando espasmos en mi cuerpo.
Te siento…
Cierro mis ojos,
llega el final,
y te regalo
mi fantasía.

Lujuria y placer

Regálame otra noche
de lujuria y placer;
quiero apagar el fuego
de tu presión varonil.
Quiero embriagarme
con el néctar de tu sexo,
y seas tú la última huella,
en mi cuerpo de mujer.

Tú...mi sexo más exquisito

Llegaste tú para enseñarme que el deseo
no muere por un fracaso o desilusión,
el cuerpo siempre es joven para sentir
y descubrir lo que antes nunca vivió.

Solo necesitaba un varón atrevido
galante, y cautivador para una dama,
hacerme vivir nuevas experiencias
y convertirme morbosa, en tu cama.

Hombre seductor que mi mente altera
tu órgano viril dibuja mi cuerpo,
sexo, lujuria y pasión de aquellos días
desataste mi instinto y mis fantasías.

Un sexo diferente; un nuevo renacer
mi boca siempre deseosa, siendo el pincel,
de tu cuerpo, morbo, lujuria y placer
dibujando tus ganas sobre toda tu piel.

Serás, un recuerdo eterno; dejaste mi libido
en llamas; imaginarte, me excita y provoca,
quiero volver a saborear tu dulce licor,
nadando en mis labios, y entrando a mi boca.

Un idilio pasional que no se marchitará
vivirá en mis versos; para ti escrito,
aunque nunca más yo te vuelva a tener
tú; eres y siempre serás; mi sexo más exquisito.

Una noche más

Tengo ganas…
de escuchar tu voz
desordenando mi mente
y por una noche más
hacerte solo mío.

Seductor hombre de fuego

Hago un recorrido por tu cuerpo y sensaciones
el beso más exquisito que mi boca recibió,
labios ardientes que acariciaron mi pasión,
el sexo más viril que mi vientre estremeció.

Dibujo tu silueta en todas sus facetas,
me gustan los lunares que adornan tu cuello,
tu maliciosa sonrisa y tu mirar penetrante,
tu sexo atrevido, seductor, hombre de fuego.

Tienes el encanto del varón aventurero
comunicativo, agradable, y caballero,
sensible, controlador, galante, apasionado,
desbordas tu erotismo cuando estás a mi lado.

Tengo la dicha de sentir, tu erotismo al desnudo,
me haces estremecer, de placer como ninguno,
a tu manera y anhelos despertaste mis fantasías
descubriendo en mi la mujer; que ni yo conocía.

Entrar al mar de tu sexo es locura y desenfreno,
me elevas al infinito; seductor hombre de fuego.

Dices

Que tu vida es en blanco y negro
de claras repuestas y sentimientos,
yo veo la mía radiante como arcoíris
cuando te tengo atado a mi cuerpo.

Tú mi primavera

Me refugio en los momentos
que tengo de tu presencia,
en la pasión de tus besos
que cien noches me han bañado.

En el fuego de tu cuerpo,
en la verdad de tu voz,
que me incita a dibujar
un paraíso…Tú y yo.

Me refugio en el gran gozo
que me produce saber,
que eres tú mi primavera,

fresco aroma en mi jardín.
Me refugio en el sabor
de nuestro mágico encuentro.

Dibujando fantasías

De colores son las noches a tu lado.
Nuestros cuerpos al desnudo
dibujando fantasías.

Otoño y primavera

Tu expresiva mirada me agradaba y divertía
con mensaje subliminar llegaba tu llamada,
lograste hacerme reír y querer jugar contigo
sin imaginar que sería un juego ya perdido.

El sabor de aquel; tu primer beso, me estremeció,
de tu boca y tu cuerpo bravío el fuego sentí,
tatuado dejaste tu varonil sexo en mi cuerpo
con mis labios en tu piel, mi mejor verso escribí.

Vive en mis deseos nuestra apasionada aventura
eres fuente de inspiración e intensas emociones,
dueño de mi pasión, de mi cuerpo; cautivador.

Y siento tu viril voz desordenando mi mente
dibujando fantasías de otoño y primavera,
como en aquella noche que la magia nos uniera.

Caballero Andante

Tú; mi caballero andante
cautivador de mi cuerpo.
Yo; tu aventurera amante.

Con aroma a primavera

Él es un caballero con aroma a primavera
de frases atrevidas y coqueteo seguro,
de palabras directas de sexo bravío,
que logra seducirme; como él, ninguno.

Lo quiero siempre cerca rozando mi piel,
sentir sus espasmos; su ardiente calor,
provocar su erotismo, deseo y desvelo
amanecer enlazados por la pasión.

Besar su boca, afrodisíaco perfecto
acariciar su cuerpo hasta hacerlo gemir,
entregarme a él en noches de aventuras
y después el destino podrá decidir.

Hacer inolvidable cada encuentro
vivir experiencias por los dos deseadas,
dos cuerpos unidos formando uno solo
en noches secretas de pasión desenfrenada.

Sentir la complicidad de nuestros cuerpos
haciéndonos el amor de mil maneras.
En esta noche de octubre, así quiero tenerlo
bañándome con el aroma de su primavera.

Así

Beso a beso, cuerpo a cuerpo, piel con piel,
mojarme en tu sexo…Así te quiero tener.

Mi gran antojo y desvelo

Ven; acércate, quiero mirarte a los ojos
que descubras en los míos, mi gran antojo.
Ven; acércate, te lo diré muy despacito,
quiero quitarte la ropa poco a poquito.

Como aquella noche en nuestra habitación
en tu interior negro, debajo; tu erección,
alterabas mi morbo acostado en la cama
y yo dispuesta a ser de tus deseos la flama.

Tú; complaciente, sabías de mi gran antojo,
liberé tu interior siempre asombro a mis ojos,
que alucinados veían tu exquisitez varonil
haciendo que mi vientre comenzara a latir.

Hoy recuerdo aquella noche; regalo del cielo
no fue la primera, muchas otras le siguieron,
cada encuentro me regalabas un nuevo placer.
me devolviste mi esencia y ansias de mujer.

Eres brisa de primavera tatuada en mi piel
fui adicta a tu lujuria y tus besos de miel,
dejé de ser dama; me despojé del pudor
fui esclava de tu sexo, tu mi dueño y señor.

Hoy es un sueño querer tenerte, y repetir lo vivido,
dibujar con mi boca tu cuerpo, para mí ya prohibido.
De volver a saborear tu miel quizás perdí el vuelo
pero tú sigues siendo mi gran antojo y desvelo.

Mis noches sin ti

Te sueño
Te sueño despierta y en mi soñar, me abrazo tu piel,
te siento en mi cuerpo, saboreo tu sexo.

Insomnio

En mis noches de insomnio llega tu recuerdo.
Te traigo a mi lecho; me entrego a tu pasión,
siento tu erotismo dibujando mi cuerpo.

Te Imaginé

Anoche te imaginé en mis sueños
besé tus labios, acaricié tu piel,
dibujé con mi boca tu cuerpo,
penetraste mis ansias de mujer.

Mi refugio secreto

Tu cuerpo bravío, es el refugio secreto que da gozo al mío.
Disfruto contigo las más exquisitas y eróticas sensaciones,
bañadas de tus dulces besos; en nuestras noches de pasión y lujuria,
donde tu sexo y tus ganas dominan mis emociones.

Jardín mágico

A mi jardín desolado y triste
llegó un día la primavera,
llenando de alegres flores
su tierra, caminos y veredas.

Yo disfrutaba de su fragancia
era un jardín mágico; de ensueños,
llenó mis días y noches de aroma
y de mi piel; su perfume, era dueño.

Hoy el jardín amaneció sin flores
una casual tormenta lo desapareció,
yo sentiré por siempre la fragancia
que en mi cuerpo; aquel jardín dejó.

Aunque no se si volverá a florecer
disfruto la esencia que dejo en mi piel,
y lo que significó en mi vida su brisa.
La llegada de un nuevo amanecer.

El tiempo pasó…
De nuevo mi jardín floreció
derramando su polen en el pistilo,
dibujando un festín entre los dos.

Arcoíris

En tu Edén creció una flor
que perfumó mi jardín.
En tu cielo un arcoíris
que dio color a mi vida.

Serás inmortal

Si vives en las letras de un poeta serás inmortal.

Mi erótico sueño

Todas las noches antes de dormir, repito mi juramento,
de no desear sentir, tu cuerpo entrando en mi cuerpo,
pero anoche lo olvidé y sucedió lo que no esperaba,
tuve un erótico sueño, y tú estabas en mi cama.

De placer yo embriagada, hacía de tu sexo derroche,
satisfaciendo fantasías durante toda la noche,
lleve tu sexo a mi vientre, quería sentirte en mí,
tú, a punto del clímax, yo ansiosa, pero feliz.

Al ritmo de tu cuerpo, tu elixir en mi fuente derramaste
al tiempo que el mío gritaba, mis ganas quiero regalarte.
Desperté y comprendí, que fue producto de mis ansias loca,
quería por una vez más, tener tu cuerpo en mi boca.

Ya despierta; fuiste mí fantasía,
le di vida al sueño; lo hice realidad,
llegaste a mi cama, tuve tu cuerpo desnudo,
ahí, el deseo por tu sexo; creció aún más.

Tú no te imaginas

Tú no te imaginas
el desorden de emociones que recibe mi mente
cuando recuerdo tu cuerpo desnudo.
Esta noche serás mío, aunque estés ausente.

La voz de nuestro gemir

Sé; que un día te iras,
está escrito en nuestro calendario.
No tendré más la fresca brisa de tu primavera,
pero en mi recuerdo siempre vivirá
aquella noche; en que la magia nos uniera.

Y en la lluvia de sensaciones
que baña mi cuerpo y mi sentir
vivirá en mis labios el sabor de tus besos,
tus huellas en mi piel…
Y en mis fantasías; la voz de nuestro gemir.

Mi cajita de música

Guardaré en mi cajita de música lo que contigo viví
y cuando mi cuerpo quiera morir en soledad,
buscaré en su interior el recuerdo de tu pasión
y el aliento de vida que has dejado en mí.

Tú; mi despertar

Fuiste el despertar de mis ansias dormidas.
Rebosas mi imaginación de fantasías,
das vida, pasión y erotismo a mis noches,
logras que te imagine, durante todo el día.
¡Te siento en mi cuerpo, siempre estás en mí!
Porque tú; me enseñaste a sentir así.

Mis sábanas blancas

Mis sábanas blancas
sonríen de satisfacción.
Yo vestida con mi collar de perla,
tu cuerpo en el mío; ardiente de pasión.

Dormir a tu lado

A mi habitación la bañan los aromas
de esa brisa fresca que me regalas,
dormir a tu lado es elevarme a las estrellas
acariciar la luna en la fría madrugada.

Que sublime sensación dormir a tu lado
sentir tu respiración y el calor de tu cuerpo,
mientras el sueño suavemente a ti llegaba
mi mirar se perdía extasiada en tu tiempo.

Sin poderlo yo evitar alterabas mi mente
quise despertar tu sueño; tu presión varonil,
me quedé disfrutando, lo que me hacías sentir.

Y vienes, me buscas, una y otra vez, llenas mi gozo
con tus besos orgasmos flotantes; tu gran espada,
tu sexo atrevido, tu pasión desenfrenada.

Frutas del caney

Festejo con el oriental; él es brisa de primavera,
tiene ritmo ardiente, como en noches de carnaval.
Un maestro en la piel, besos de azúcar y miel,
y su cuerpo con sabor a ricas frutas del caney.

Encadenados

Quise volver a tener
tu cuerpo, tus besos, y calor,
tu sexo encadenado al mío,
bañarnos en el placer; sin pudor.

Crear nuevas y lujuriosas fantasías,
dejar correr nuestra imaginación,
arder en el fuego de tu cuerpo bravío,
inspiración de mi poesía y pasión.

¡Y te tuve; mil y una noche más!

¡Si sobrevivo, también tú!

En estos días que el mundo se detiene
que todos estamos en casa encerrados
esperando que muera el monstruo,
yo aquí; queriendo tenerte a mi lado.

Si cuando desaparezca esta pandemia ya me fui
me iré con el sabor de tus besos de azúcar y miel,
el calor de tu cuerpo bravío impregnado en mi piel
y dando gracias a la vida por lo que contigo viví.

Quedará en mi poesía nuestra historia,
noches navegando en un lujurioso manantial,
cada momento que juntos compartimos
y ese encuentro casual será inmortal.

sí sobrevivo, también tu, volveremos a navegar
se unirá nuevamente tu sexo a mis ansias de mujer,
escribiré con mi boca un poema, sobre tu excitada piel,
bebiendo de tu apasionado y erótico cóctel.

Eres lo prohibido

Siempre creí haber vivido
las más exquisitas emociones
en mi vida de mujer,
pero todo cambio
cuando llegaste tú.
Tú eres pasión
silencio
y
desvelo.
Tú;
eres
lo
prohibido.

Tu imagen

Busco en mis recuerdos otra voz,
la caricia de otro cuerpo,
visualizo la noche perfecta
y solo veo tu imagen.

Quisiera ser

Quisiera ser huracán
para arrastrar tus pesares,
ser aire de primavera
como lo fuiste conmigo.

Quisiera que mis palabras
llegaran a ti, con razón,
y sientas que desde el cielo
una estrella, te guía con amor.

Aunque el día lo veas nublado
recuerda, siempre sale el sol,
pronto saldrás triunfante.
Quiero para ti lo mejor.

Tus lagrimas me duelen
oprimen mi corazón,
porque tu cambiaste mi vida
con dulzura y pasión.

Eres un buen hombre
sensible y soñador.
Tu ángel te llevará al triunfo
con salud, alegría y amor.

Uno de ellos mi preferido

Creía en los reyes magos
ellos fueron fieles conmigo,
llegaron un seis de enero
brindándome su abrigo.

Disfruté de su regalo
mil noches en mi andar,
hoy los reyes se han marchado
ya no me pueden visitar.

Pero dejaron en mis recuerdos
emociones sin igual
siempre les daré las gracias
aunque ya llegó el final.

Siento que muere algo en mi
espera; noches de emoción,
es la ausencia de los reyes
que dieron vida a mi razón.

No me volverán a visitar
pero vivirá en mí su presencia,
feliz recordaré su llegada
aunque me duela su ausencia.

Frio en el alma

¿Qué se siente cuando muere una ilusión? –Peguntó alguien.
–Frio en el alma–respondió ella.

Para ti son mis letras

A veces quiero escribir
como escribe un poeta,
sigo con mi practica
para lograr buenas letras.

Letras que al leer sientas
dejan un dulce sabor,
letras que lleguen a ti,
que toquen tu corazón.

Porque hay en mi poesía
algo que te ha de gustar,
que todo lo que escribo
tiene una musa especial.

Cuando quiero soñar
tomo un lápiz y papel,
en el papel se refleja
una figura singular.

Y seguiré escribiendo
aunque no sea poeta,
porque mientras lo haga
para ti serán mis letras.

No olvides

Recordar cada momento
que tú y yo compartimos,
la pasión que me regalaste
el secreto de lo vivido.

Mis ansias suspiran

Mis ansias suspiran
va llegando el final,
mis emociones ya mueren
sin yo poderlo evitar.

Viví todo a profundidad
disfrutando cada momento,
hoy siento llega el fin
mi mente es un lamento.

Me refugiaré en el recuerdo
de mi tiempo a tu lado,
diste luz a mis noches
dejaste mi cuerpo tatuado.

de caricias apasionadas,
de dulces noches con ternura,
con la calidez de tu mirada
más tu pasión desenfrenada.

Doy gracias a la vida
que te puso en mi camino,
hoy te trajo a mi cielo
así lo quiso el destino.

Lamento

Tiemblo cada momento
cuando me baña tu sensual mirada
brota un sutil lamento
de mi alma apasionada
y en tu piel quiero estar siempre atrapada

Que difícil es

Que difícil es
tenerte cerca y distante,
mirar tus jugosos labios
y no poderlos besar.

Sentir cerca el oscilar
de tu cuerpo bravío,
me brota un sutil suspiro
y yo…sin poderlo tocar.

Que difícil es
escuchar tu armónica voz
alteraron mis sentidos
de una forma feroz.

Que difícil es
sentir entristecer mi andar
recordar aquellas noches.
trato el presente aceptar.

¡Pero que difícil! Es olvidar
todo aquello que he vivido,
a tu lado, en tu ser, sin dudar
Y después de ser mi amante…

Hoy; solo eres mi amigo.

Que difícil es
no poder decir lo que siento.
Rompamos nuestro contrato
vivamos nuestro momento.

En el libro de la vida

En el libro de la vida
que mi historia contará
en ese libro; a mi lado
tu nombre escrito quedará.

Te sueño

Aunque no rompamos nuestro contrato
y sigamos a diario como buenos amigos,
nunca olvidaré; la pasión de tus dulces besos,
menos, aquellas noches que viví contigo.

Porque fuiste luz, en mis noches sombrías
resucitar de mis deseos, amante apasionado;
extraño tus besos, tu calor, tu lujurioso sexo.
Vivirás en mi piel, aunque no estés a mi lado.

Me duele la ausencia de nuestros encuentros
la emoción que sentía, esperando tu llegada;
tengo; tu aliento, tu sonrisa y tu amistad,
tengo; algo de la brisa que tú me regalabas.

Algún día, tenía que llegar el triste adiós
así nuestro calendario lo ha decidido,
pero el tiempo que navegamos piel a piel
dio vida a mi vida y a mis noches sentido.

Doy gracias a la vida, que te puso en mi camino
y aunque sé, que todo principio tiene un final
sin tu saberlo, en mis noches sueño contigo
porque en mis recuerdos; tú, serás inmortal.

Si yo pudiera

Si yo pudiera retroceder el tiempo
cuando ilusionada esperaba el encuentro,
recorrer tu cuerpo bravío sin medidas
celebrar juntos, tú y yo; otro momento.

Brindo por ti

Fuiste primavera en el jardín de mi otoño,
resucitar de mis deseos, dueño de mi piel,
amante apasionado; en noches de lujuria,
dejaste en mi cuerpo, el elixir de tu placer.

Recordaré en mi andar aquel encuentro casual
que a mi puerta trajo a un amante apasionado,
bañándome con su erotismo y besos de miel,
embriagando mis noches de emociones y placer.

Momentos inolvidables has tatuado en mi cuerpo
me fundiste en tu pasión, te entregué todo de mí,
navegaste mis ansias con lujuria y frenesí.

Bebiendo una copa de vino como solíamos hacer,
miro tu pintura que guardo celosa; vestido de tu piel,
brindo por tu camino, y por llegarte a conocer.

Tus huellas

Las huellas que dejaste en mi cuerpo
en noches de erotismos sin cordura,
no las borrará el pasar del tiempo.
Fuiste la pasión convertida en mi locura.

Un mundo de fantasías

El poeta deja correr su imaginación; se sumerge en un mundo de fantasías, y convierte sus sueños en realidad; cuando nace la poesía.

Sensual sinfonía
Tu retrato

Dejo volar mi fantasía
llegan imagines al momento,
bañadas de erotismo y placer
con ese hombre novelesco,

Un galán de piel canela
ojos verdes y achinados,
labios seductores, voz varonil,
en mis sueños deseados.

Su cabellera azabache
formando un corazón,
un lunar en su mejilla
perfecta combinación.

Él siempre fue mi fantasía
lo imaginaba en, "Corín Tellado".
Caballero galante y atractivo
algún día tenerlo a mi lado.

Verlo vestido solo de su piel
entonando una canción,
mientras acaricio su voz
antes de hacernos el amor.

Lo tuve tan cerca y tan lejano
quise hacer realidad mi fantasía,
una noche en su afrodisiaca boca
enlazados en sensual sinfonía.

Navegar su cuerpo y piel canela
dejar volar nuestra imaginación,
dibujando realidades y fantasías.
¡Bailar tu sexo varón!

Vestida con mis nervios buenos
ahora aquí estoy recordando,
lo que pudo haber sido y no fue,
el hombre que quedé esperando.

Llora mi fantasía, es tiempo de olvidar.
Te esperé y tú; no llegaste.

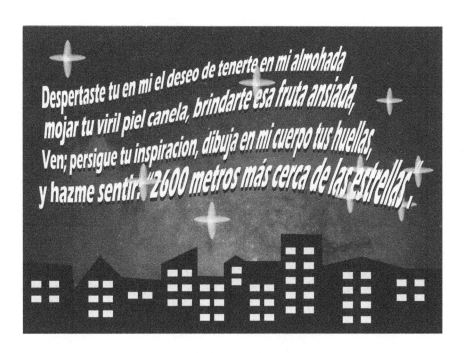

Despertaste tu en mi el deseo de tenerte en mi almohada
mojar tu viril piel canela, brindarte esa fruta ansiada,
Ven; persigue tu inspiracion, dibuja en mi cuerpo tus huellas,
y hazme sentir: "2600 metros más cerca de las estrellas".

El secreto de aquella noche

En esa, tu exquisita piel canela que baña tu cuerpo
se ocultan nervios de los buenos que provocan tus deseos,
el espejo de tu verde mirada ilumina el sendero
y la gran fuerza del pecado, tratando de ponerle frenos.

Tus incitantes labios incitan mi libido y pasión
logrando humedecer mi piel imaginando tu sabor,
no detengamos el viaje a esta aventura tan anhelada
ya navegaste mi cuerpo, y en el tuyo, quedé yo anclada.

Dios me puso en tu camino, y el deseo en ti despertó
no puede ser falta ni afrenta, lo que Él así decidió,
que tu piel se una a mi piel, hacer de nuestro sexo derroche
dejar escrito en poemas, el secreto de aquella noche.

Despertaste tú en mí el deseo de tenerte en mi almohada
mojar tu viril piel canela, brindarte esa fruta ansiada,
Ven; persigue tu inspiración, dibuja en mi cuerpo tus huellas,
y hazme sentir: "2600 metros más cerca de las estrellas"

Imagino...

Tus nervios; de los buenos
motivaron mi imaginación,
sintiéndome en tu cuerpo
extasiada en tu pasión.

El mensaje de tu mano
en mi mejilla aquel beso,
tu seductora mirada,
yo; deseándote en silencio.

Sueño…
Verte vestido solo de tu piel
entonando una canción,
mientras imagino tu sexo
antes de hacernos el amor.

Imagino como seria
explorar esta aventura,
enlazada en tu erotismo
sexo a sexo, sin censura.

Acompáñame

Acompáñame en esta aventura.
Hagamos realidad nuestros deseos en este mundo que es la fantasía.

Piel canela

Has logrado despertar mi instinto de mujer
que en su lecho silente dormía impasible,
ven; déjame sentir la exquisita sensación
de nuestros cuerpos, embriagados de pasión.

Quiero recorrer con mi boca tu figura
detenerme en tu centro; extasiado tenerte,
mirarte a los ojos, ver en tu sensual mirada
el deseo insaciable de entrar en mi vientre.

Te pienso, te siento y quiero hacer realidad
con mi boca saciar tus nervios de los buenos.
¡Si! Navegar en tu sexo sin ponerle frenos.

Disfrutar nuestro encuentro sin pensar en mañana
mojarme en tus labios y afrodisiaca piel canela,
bañarnos de erotismo con furia y sin cautela.

Sueños y fantasía

De sueños y fantasías
he creado un universo para los dos;
plasmado en mi poesía.

Me quedé con ganas

Llegas en mi tranquila noche; inquietas mis pensamientos
te adueñas de mi mente, despiertas mi imaginación,
quiero simular el efecto que provoca en mi vientre
tu sensual y varonil voz, y tu erótica seducción.

Sin poder evitarlo me dejo llevar por tus deseos
que cautivan mis ansias y dominan mi voluntad,
comparto tu juego sensual, despiertas mi gozo,
siento el mensaje de tu mano; tu beso en mi mejilla,
desabrocho tu camisa, retiro tu pantalón,
me inclino ante ti, para besarte de rodillas.

Con el pincel de mi boca dibujo tu cuerpo desnudo...
El susurro de tu voz provocándome exaltación
siento tus afrodisiacos labios explorando mi intimidad
enlazados nuestros cuerpos, deseando la culminación.

Después de aquella noche; inolvidable de octubre,
imaginarte en mi cama nada lo podrá impedir,
extasiada en tu mirada, tu excitante piel canela
dibujando una aventura, sin nada a cambio pedir,
solo el erotismo de tu sexo, y mis ganas de ti,
poseída por mis ansias y tu lascivo sentir.

porque me quede con ganas; con ganas de ti.

Perfecta combinación

¡Quiero beber del mejor café! Un galán de piel canela;
ojos verdes y achinados, que hacen volar mi imaginación;
un lunar en su mejilla. ¡Perfecta combinación!

Te soñé

Una llamada me anuncia tu llegada,
te espero ansiosa, con nervios de los buenos
Llegas a mi puerta, ahí estas tú; no sé qué decir,
sonríes, un beso en la mejilla, te invito a pasar
te ofrezco un café; mi mente te imagina.

Saboreas lentamente el café…
Mientras me deleito en tu piel canela,
el lunar que adorna tu mejilla,
tu negra cabellera, dibujando un corazón,
tus ojos verdes, tu mirada seductora,
mi deseo por tus labios, perfecta combinación
que hacen que yo pierda la cordura.

Una conversación amena parecía iniciar
besas mi boca, la mía te responde
termina el beso, me miras deseoso
y nuestros labios se vuelven a encontrar.
Te invito a mi lecho, acaricio tu cuello
mis manos viajan al centro de tu cuerpo.
¡Que rica sensación sentir tu erección!

¡Al fin tu y yo unidos en una secreta aventura!
Despojas mi vestido, quedo en ropa interior
desabrochas tu camisa, retiras tu pantalón,
fantasías bailando al ritmo de tu ritmo y son.
Provocas mis ganas, tus manos en acción.
Se acerca el momento por mi tan esperado
de saborear tu cuerpo, y bailar tu sexo varón.

El sonido de la alarma me hizo despertar.
Tú, no estabas ahí; era solo mi almohada
y mi cuerpo de mujer que tanto te anhela,
al imaginarme en tu afrodisíaca; piel canela.

Imaginación

Quiero sentir tus besos
acariciando mi boca,
vivir una aventura
de lujuria y placer.
Como lo imaginé anoche;
como tú; me quieres tener.

No toques mi rodilla

¡No me mires así, no toques mi rodilla!
No te imaginas las sensaciones
que provocas en mi ávido cuerpo.
Ven, siénteme; aquí estoy a tu alcance
no hagas preguntas, yo haré lo mismo.

Solo déjame remover tu camisa
tocar tu excitante pecho y piel canela,
bajar tu pantalón, dejar caer tu interior
y navegar tu mar de placer y pasión.

Ahora no digas nada; solo siente…
Siente mi boca acariciando tu latir,
dibujando cada rincón de tu piel desnuda
extasiada en tus gemidos; tu erótico sentir.

Ven. ¡Derrama tu elixir en mi fuente! ¡Así!
Tu respiración se agita; mi vientre te clama,
tu cuerpo en el mío como potro bravío
y yo de jinete en tu sexo y tus ganas.

¡Si! Ahora lleguemos juntos a ese momento.
¡Siénteme! Esta noche estas en mi piel,
provocando mi fuego, latidos y humedad
yo, en tu gran figura, desordenando tu virilidad…

Te invito a un café

El sonido de tu voz
hace estremecer mi vientre
con tus dudas y misterios
permaneces en mi mente.

Excitando mis fantasías
de tenerte frente a frente,
desordenar tu misterio
y preguntarte ¿que sientes?

Te imaginé todo el día
bese tu boca y tu piel,
tu gran figura fue mía.

Ven; quiero tenerte cerca
no demores el momento.
Te invito a un café.

Tu voz y mi voz

Tus labios en mi mejilla
tatuaron el primer beso,
tu mano dejó en la mía
un mensaje seductor,
y tu mirada varón;
tu mirar me desnudó.

¡Y ya vez aquí estoy yo!
Aquietando lo que siento
que sin poderlo evitar
llegas a mi pensamiento,
recordando aquella noche
lo que me hiciste sentir.

Tu voz motivó mis ganas
mi voz robó tu pasión,
un recorrido anhelado
nuestras mentes en fusión,
yo imaginando que seria,
bailar tu sexo varón.

Quisiera ser en tu vida
recuerdo de una aventura,
ser una noche en tu cuerpo
sin prejuicios ni censuras,
en un encuentro secreto
desbordando fantasías,

amantes por una noche
amigos durante el día.

Fantasías

Este loco juego de excitar nuestros cuerpos
me incita a saciar tus ganas con mis ansias,
a encallar en el mar feroz de tu erotismo
que sea mi barca bañada por tus aguas.

Guardo el sabor de tu apasionado beso
tu mirar cautivante, tu esencia varonil,
el calor de tu cuerpo, tu boca en mi boca
en un momento íntimo de nuestro sentir.

Nuestros cuerpos pidiendo más que un beso
tu mano cautelosa me lleva al recorrido
de esa parte de tu piel que se elevó al placer,
queriendo yo detener mi tiempo allí contigo.

Mi lujuria se enciende con aquel recuerdo,
si sintieras como mis labios dibujan tu figura,
se rebosaría tu mar al imaginar mi boca
recorriendo tu piel, con pasión y sin cordura.

Pero no estas a mi lado y mi fantasía crece
dibujo con mi imaginación tu geografía,
se humedece mi piel; cierro mis ojos,
y entras al mundo de mis fantasías.

En espera del tiempo

Eres tú el misterio que no logro descifrar.
Te acercas, me hablas, siento lo qué sientes,
tus frases seductoras provocan mis deseos
y tú; sabes cómo, desordenar mi mente.

Eres el exquisito sabor que ya conozco
eres la fugaz aventura que quiero revivir,
es mi paladar quien pide beber de tu licor,
eres mi fantasía, eres; mi lujurioso sentir.

Somos un juego lascivo entre dos cuerpos
¡Dudas! Donde uno no pierde ni el otro gana,
los dos apostamos a quien se rinde primero
seguimos en este terreno, sin perder la calma.

Porque somos dos mentes anhelantes y lujuriosas
es apetito de mi boca, tu gran figura y piel canela,
eres mi excitación, soy el deseo de tus momentos
somos orgasmos perdido, en espera del tiempo.

Lléname de tu sabor

Eres un juego que quema mi piel,
al recordar; contigo aquel momento,
te siento; alteras mis ansias de mujer,
tú y yo, en nuestro primer encuentro.

¡Que apetitoso ese beso con sabor a ti!
Labios pulposos perturbando mi mente
los míos ansiosos al sentir tu sabor,
provocando grandes ansias de tenerte.

Tu boca tentadora, la mía atrevida
me seduces a tu furtiva aventura,
te imagino entrando en mi vientre
al dibujar con mi paladar tu gran figura.
Guíame al mundo de tu erotismo,
vuelve; allí seré tu esclava de amor,
motivaré tus ocultas fantasías,
lléname de ti; lléname de tu sabor.

Tu gran figura

Despacito y cauteloso te vas acercando
llegas a mis labios, siento tu afrodisíaco sabor.
¡Hombre seductor que mi instinto aviva!
En un segundo nuestros cuerpos, entran en acción.

Cómo olvidar aquella tarde, y nuestra gran locura
en un lugar inolvidable se excitaron nuestros cuerpos,
el deseo se dibujó en ti; te llevo hasta mi boca
y yo extasiada en tus labios; también correspondí.

Llega a veces el deseo por tu piel canela
hago un recorrido a través de tu mirada,
recordando aquella tarde de deseos prohibidos
y tu apasionado beso desinhibiendo mis sentidos.

Mi cuerpo se agita al evocar tu presencia
se desborda un mar de lujuria en mi mente,
tu piel en mi boca; tu cuerpo en mi cama
y el mío embestido; por tu gran figura.

Hablar contigo

Hablar contigo es colmar mi mente de fantasías
cuando escucho tu voz provocando mis sentidos,
o tus labios en los míos y yo… Recorriendo tu gran figura.

Tu voz y tus canciones

Tu voz y tus canciones, un comienzo subliminar; yo me extasiaba
al escucharte y no sabía que pensar; un juego muy diferente,
mientras tu mirada jugaba, queriendo la mía encontrar.
Ya me empecé a preocupar, al sentir que me desvestías, hasta que
llegó aquel día que tus nervios desaté; no imagino como fue, solo sé
que quedé muda y ya en ese momento quise ver tu piel desnuda.
Todos guardamos en secreto, una fantasía sexual. ¡Si
supieras que tú tienes la mía! ¡No te lo voy a confesar!
Pero pasó mucho tiempo, al verte era yo la
nerviosa; tú, me hablabas de cualquier cosa
yo, no sabía que pensar.
–No quiero seguir así, no quiero que insistas; pero
tú fuiste más sabio y seguiste en la conquista.
Derrumbaste mi voluntad y me cogiste imprevista, cuando me diste
aquel beso que en mi boca quedó impreso. ¡Con ganas de mucho más!
¡Y ni hablar de lo que sentí! Se hizo mi boca agua y en ti se elevó
la presión; al imaginarte en mi boca. ¡Que rica combinación!
Hoy aquí estoy esperando, que tus nervios de los buenos se
descompongan, y vengas a terminar el encuentro que quedo a la
mitad, y cuando vengas varón, ya verás lo que has logrado; seré
una tigresa en tu cuerpo cuando llegues a mi lado, te devolveré tus
miradas, tus canciones y tus besos; cuando estés donde yo quiero.
¡Entre mis piernas preso!

Hoy te pensé mientras tomaba mi café

Llegó a mí el sabor de tus besos
y la presión que al mirarme
hace presencia en tu cuerpo.
Cerré mis ojos he imaginé
como seria recorrer tu cuerpo
de mil maneras diferente,
sentir el sabor de tus besos
estremeciendo mis ganas, y mi mente.
Ver tu gran figura viajando a mi voz
queriendo su viaje allí detener,
y poder yo saborear el mejor café,
que produce tu cosecha, al amanecer.

¡Hoy sentí ganas de ti!

Deseos prisioneros

Anidará en nuestros labios la huella de un beso
en mi boca el sabor de tu erguida... Gran figura,
Tú y yo imaginando un lujurioso encuentro
deseos prisioneros de una anhelada aventura.

Todo fue pausado y fugaz; quizás por cobardía
no pudimos derramar de nuestro sexo el torrente,
en mis noches de insomnio te llevaré a mi lecho,
degustaré tu piel canela, con el poder de mi mente.

Tendré una vez más, tu gran figura a mi antojo,
motivaré tus ocultas fantasías, y tus espasmos,
navegaremos tu y yo en un océano de erotismo
hasta que me embriagues, con tu tibio licor blanco.

Sentiré tu febril y anhelado cuerpo; enlazado al mío
saciando mi gran sed, y las ganas que tú tienes de mí,
aunque al abrir mis ojos se dibuje la triste realidad,
que solo fue una fantasía; al pensar en ti.

Caballero

Quiero contestar a sus coqueteos
con palabras sinceras y sin rodeos,
este deseo que me hace impotente
usted también lo desea fervientemente.

Tarde parece ser el tiempo en mi camino
para alcanzar lo creí me regalaba el destino.
Usted vive a diario impregnado en mi mente
esperando el momento de beber su torrente.

No sé si el universo conspirará a mi favor
regalándome el momento de degustar su pasión.
Usted es el único culpable de esta exquisita locura,
ha dibujado en mi imaginación la lujuriosa aventura

de escribir en su piel canela mi más erótica poesía,
inspirada en su gran figura; haciendo realidad mi fantasía.

Sexo a sexo sin censuras

Me gusta el lunar que adorna tu mejilla,
tu piel canela, y el verde de tus ojos
me incitan a besarte de rodillas.
Tus ganas y mis ganas en esta aventura.
Sexo a sexo sin censuras.

No es mi culpa

No es mi culpa que tu mirada, tu voz y tus canciones
dibujen en mi mente un exquisito y erótico paisaje.
No es mi culpa.
Que tu boca tentadora embriagara la mía con pasión.
No es mi culpa.
Que al hablarme tu presión varonil diga presente.
No es mi culpa.
Que en las noches estés en mi lecho estando ausente.

No es mi culpa.
Que yo tenga tus besos y tu gran figura en mi mente.
No es mi culpa.
Que yo sienta estas ansias locas de volver a tenerte.
No es mi culpa.
El culpable eres tú.

Quiero soñar contigo

Quiero soñar contigo esta noche
embriagarme con el sabor de tus besos,
sentir el calor de tu anhelada piel canela
abrazar mis fantasías a tu fuerte pecho.

Recorrer tu geografía y hacerla mía,
con la brújula de mis labios encontrarla,
explorar tus cuatro puntos cardinales
y con el pincel de mi boca dibujarla.

Transitar juntos mar y tierra
explorar la presión de tu gran figura,
beber las tibias aguas de tu océano,
hasta quedar extasiados en esta aventura.

El sonido del silencio

Le pregunto al silencio
¿qué estarás pensando?
¿por qué me dejé llevar
por tu juego y coqueteo?
El viento me responde,
no entiendo su idioma.
Solo sé que la inquietud
rodeaba mis días y noches
esperando un encuentro
que nunca llegaría.
¿Por qué?
¡Tú siempre me buscabas!
Y solo escucho
el sonido del silencio.

Curiosidad

Cuando muy serena me encontraba
olvidando lo que era deseos y pasión,
llegas tu a invadir mis tranquilos días
con frases galantes, y música para dos.

Despertaste instintos que ya dormían
mi cuerpo de mujer contigo reacciono.
¿Por qué fui la elegida para tu juego?
¡No te busqué, llegaste tú; no fui yo!

El tiempo pasa y este juego de a dos
en las noches me lastima, quizás a ti.
Todo juego tiene principio y fin
a veces ganamos, otras veces no.

No vale pensar quien fue el perdedor
quiero retirarme de este juego de a dos,
aunque al escuchar tu voz sienta ansiedad,
arribe la curiosidad y me pregunte...

¿Por qué no hicimos nuestros deseos realidad?

No fue fácil

No fue fácil decirte-No,
sé lo deseas; también yo.
Un raro mundo se interpone
en tus dudas y pensamientos.

En mí, la ya fallida espera
hace limitar lo que siento.
Vivirás tatuado en mis versos
como una suave fantasía,

como un intento más; furtivo,
dulce, culpable y esperado
por ti y por mi muy deseado.

En mis largas horas de insomnio
dibujaré tu piel canela,
te deseo; buenas noches.

Deseos atesorados

Hay demasiados deseos atesorados; entre tu cuerpo y el mío.
Contamos cada día hacer realidad nuestro encuentro.
¡Todo intento ha sido en vano!
¿Será que, a vivir de nuestras fantasías, tu yo estamos destinados?
Guardaremos en nuestra memoria esta locura
de los dos. ¡Y aquella tarde!
También algunos momentos cargados de erotismos, otros de pesar,
pesar por no realizar nuestras ansias, de
una secreta y deseada aventura.
Alargamos el camino; ese camino que anhelamos, y no sé si llegará,
evadiendo los deseos, que en cada mirada manifestamos,
de encontrarnos a solas y hacer realidad; lo
que tú y yo, en secreto imaginamos.
Nuestros cuerpos al desnudo dibujando fantasías.

Laberinto

Soy quien vive oculta en tu pensamiento
en ese momento de pasión que no se realizó.
Eres el secreto de mis fantasías.
Somos un laberinto; tú y yo.

¡Viaje desconocido!

¡Hombre de mis fantasías! ¿Qué haces conmigo?
Extasiada escucho tu voz desordenando mi mente.
Me invitas a un recorrido para mi desconocido
y aunque simulo no desearlo; ya quiero viajar contigo,
navegar en tu barca, llegar a tu lugar preferido.

Mi mente se concentra en el viaje que me dibujas
navego con mi pensamiento diferentes rutas,
norte, sur, este, oeste. ¡Mi imaginación se desata!
Imagino el camino y no encuentro la vía exacta.

Pongo nuestras brújulas en diferentes posiciones...
¡Ahora si lo encontré, esta imagen me impacta!

Será una gran aventura a un viaje desconocido
de la que quiero vencer el reto por ti dirigido,
y si me pierdo en el camino a tu deseado viaje
estoy segura de que me enseñarás como llegar al destino.

Ante tantas imágenes creada; mi cuerpo reacciona.
Me imagino en esa barca compartiendo tu fantasía,
elevando mis ganas, también un poco de miedo,
porque existe un detalle. ¡El tamaño de tu remo!

Si nos perdemos en ese mar, cambiaremos lo establecido
recorreré tus latitudes hasta llegar a tu profundidad,
mientras bebo sin mesura el tibio licor de tu gran figura.
Provocando tus espasmos, y pidiéndome mucho más.

Una escalera de sed

Acariciaste mi sensibilidad
yo la tuya desperté,
dejando nuestros cuerpos
en una escalera de sed.

Derroche

La noche me trae recuerdos
y en mis noches llegas tú.
Cierro mis ojos e imagino
aquel mágico encuentro.

Se fundieron nuestras ganas
desde nuestra habitación,
fue la presión de tu centro
y tu orgasmo; mi inspiración.

Ver el torrente de tu cuerpo
fluir ante mis ojos,
hace que me excite
y de ti tenga antojos.

Fue mi mayor locura
la que quiero repetir,
unir nuestros clímax
en un lujurioso venir.

Quiero calmar mi sed
bebiendo de tu manantial
anhelo unir nuestra piel
de una manera real

Mientras esto suceda
quiero verte esta noche
te esperaré desnuda,
haremos de nuestro sexo…derroche.

Tatuada

Me gusta ese momento
cuando me haces temblar con tu mirada
en mi cuerpo me siento
por tus manos tatuada
y está en mí tu figura dibujada

Aquel bolero

Cada noche en mi terraza escucho un bolero
que me trae tu imagen y provoca mi ansiedad,
me deleito en tus labios, exquisito manjar
en el sabor tus besos que tanto anhelo.

Siento en mi boca el sabor; de tu gran figura
capricho de mis antojos, repetir lo vivido,
te imagino en mi lecho, ardiente de pasión
yo en tu cuerpo, desordenando tu libido

Escuchar en tu voz "mi bolero" Me excita
es afrodisiaco a mi lujuria y ansiedad.
Te deseo; deseo tus besos, tu piel canela
quiero tenerte desnudo una vez más.

Mi fantasía se hizo realidad

Cómo en un sueño te vi en mi puerta
una larga espera, y ahí estabas tú.
Mi cuerpo temblaba ante tal encuentro,
una mirada; un piropo de tus labios y…

Yo sin poder creer que estás frente a mí.
Tus besos, tus canciones, tu voz
que he guardados en mis recuerdos,
es lo único que tenia de ti.

Y ahora, aquí estás, sentado junto a mi
tomando un café con sabor a parís,
yo, escuchando tus canciones
tratando controlar mis emociones.

Sin saber cómo; llegó el momento.
Tuve tu piel canela al desnudo,
mi boca, dibujaba tu gran figura
mientras mi fantasía se hacía realidad.

En toda posición.

Valió la pena mi la larga espera
y saciar mis ansias de tu piel canela,
navegar en tu ancha y deseada barca,
que en esta noche me desvela.

Tengo tu imagen en mis pupilas
el sentir en mi cuerpo me dice,
que nunca experimenté
un sexo con tantos matices.

Sentir tu gran figura en mi
desordenó mi imaginación,
quiero en tu sexo dibujar
mis fantasías; en toda posición.

Siete recorridos

Se dice que las fantasías
se convierten en realidad;
a espacio siempre quise viajar
y en tu corpórea nave levitar.

Al ritmo de tu mágico cohete
mi fantasía realicé y en ti volé;
me hiciste llegar a las estrellas
en siete recorridos que disfruté.

Libar, caricias; miradas de lujuria
desnudez de tus palabras y cuerpo
cuando el mío se humedecía;
siete veces pude volar en ti

mientras en mi vientre te mecías;
hoy recuerdo y quiero contigo
nuevos recorridos experimentar,
explorar todos tus ardientes planetas

y a la luna también poder llegar;
aunque al aterrizar me sienta adolorida
y uno, dos, tres días sin poder caminar
por el ímpetu de tu grandiosa nave

que el espacio me permitió surcar;
calmo el dolor de mi cuerpo, al escuchar
tu varonil voz, aquel bolero, tu canción
las que me provocan tu cuerpo saborear

y a ese viaje que nunca he de olvidar
de pasión, fantasías, placeres y desenfreno
que en tu gran nave pude encontrar.
Si me preguntas te digo: ¡Valió la pena esperar!

El color de tu voz

Extasiada escucho tu voz y tu canto,
sensual, varonil y la pasión arrastro,
al recordar tu mirada erótica y lujuriosa
al encontrar en mi vientre tu cima.

Aunque no es nuestra tu canción
te imagino; me haces perder la razón.
Me deleito en tu voz, artífice de mi locura,
Imagino mi boca, por debajo de tu cintura,

dibujando el pentagrama de tu gran figura
acallando las notas de tu canción,
armonizando el color de tu voz,
con los acordes de mi pasión.

Entonces soñé contigo

Ayer me sentí impaciente
el día lleno de recuerdos
tu imagen; en mi mente.
Bebí una copa de vino
para un mejor dormir
sentí tu pecho en mí,
abrí mis ojos; tú no estabas,
entonces soñé contigo.

En mis sueños te decía:
quiero que me hagas amor
como si fuera la primera vez
enlazados nuestros cuerpos
sin pensar en mañana,
mirarme en tu mirada
y en esa entrega total
puedas leer mi sentir.

Tanto tiempo ha pasado
y no he logrado el olvido
te adueñaste de mi alma
mi pensamiento y sentido
no es tan solo tu sexo
lo que deseo en mi cama
también tu alma desnuda
Impregnada a mí ser.

Tú tan solo me mirabas
y acariciabas mi rostro
en el silencio de tu voz
no sé lo que escuché,
quise darte un beso
y tristemente desperté.

¿Dónde estarás?
¿Eres feliz o vives en soledad?
Jugamos con el destino
negándonos una oportunidad,
si lo hubiésemos intentado
quizás hoy no estaría yo soñando,
Sería un sueño convertido en realidad.

Desde mi balcón

Desde mi balcón una vez más vi tu luz encendida, como de costumbre te dije "Hola" encendiendo la mía, esta vez no me provocarías, me quedaría en casa como siempre hago al ver tu luz… Escribiendo poesías. Desde mi balcón imagino tus caricias, me provoca escribirte; despiertas mis anhelos y aunque trato de evitarlo, solo contigo me inspiro; eres dueño de mis sueños, mi cuerpo y mis suspiros. Apagué la luz y la volví a encender; no me pude controlar, es mi señal de querer que sientas lo que siento. ¿Que hay en ti que por más que trato de olvidar, no lo logro borrar tu imagen de mi pensamiento?

Mi cuerpo se excitaba al imaginarme en el tuyo y pensando en ese momento, use mi mejor vestido adornado con fantasías y pasión, para recibir de ti el sedante de mis ganas y regalarte en silencio mi secreto amor. Llegué a tu puerta que habías dejado abierta, y allí estabas… Mi guapo y elegante caballero, vestido a mi gusto, provocando mis antojos, luciendo tu traje negro motivo de mi desvelo.

Bebimos una copa de tu licor preferido, brindando una vez más por nuestros momentos, mientras tu voz alteraba mis sentidos, nuestros labios unidos buscaban el encuentro. Ven a mí; quiero desvestirte y ver tu cuerpo desnudo, enfrentarme a tu pecho motivos de mis fantasías, cabalgar en tu centro al ritmo de tu ritmo, saciando de ti mis ganas con lujuria; sin cobardía.

Que divina sensación ver tu ropa en el piso, disfrutar del hechizo que me provoca tu figura, portar tu elixir a la fuente de mis labios, elevar tu respiración hasta llevarte a la locura. Recorro tu cuerpo a mi antojo saboreando cada rincón en el, calmas mi sed con tu savia, bebo de tu copa la miel. Gran desenfreno me provoca el licor que, con placer, va cayendo en mi paladar bañando también mi piel.

Me embrujas con tus caricias, me seduces con tu voz, me rindo ante tu cuerpo con pasión y frenesí mientras en silencio te entrego mi secreto amor, guardando para ti… Lo mejor de mí.

Tu pintura

Si he de escribir un poema
de una pintura perfecta,
escogería tu viril cuerpo
como la mejor propuesta.

Hoy sin querer encontré
aquella pintura de antaño,
que nunca llegué a olvidar
aunque han pasado los años.

Fue la mejor obra de arte
por aquel pintor experto,
que usó su mejor pincel
para regalarme tu cuerpo.

Muestra tu piel desnuda
en aquella noche de mayo;
en la que fui feliz a tu lado.

Me deleito en tu rostro
tu fuerte pecho mi desvelo,
tu cuerpo; mi gran anhelo.

Tu pintura me provoca
mil sensaciones diferentes,
recuerdos de amor y pasión
y grandes ansias de tenerte.

Como estás pintado en lienzo
solo puedo admirar tu figura,
elegante y sensual caballero
que una vez… Fue mi locura.

Sin que pueda yo evitarlo
como una sensual melodía,
siento tu sexo en mi cuerpo
y te deseo; como aquel día.

Erótica ancianita

En mi vida anterior fui una simple mujer
amante de la música la poesía y el placer,
aunque no siempre recibí, el amor que yo esperaba
disfrutaba los momentos que la vida me regalaba.

Un día decidí, convertirme en vampira mala
recorro cuevas y montes buscando candidatos,
así fue como en un parque encontré un alma en pena
que con un libro en la mano solo leía un poema.

Me contó de su historia hace cuatro siglos atrás
solo creía en el amor, era romántica y soñadora,
le pedí que fuera vampira y probara sangre nueva
fue cuando me contó que también fue pecadora.

Ella no quería porque estaba muy viejita
le dije "Tiene sus ventajas eso de ser ancianita,
llevas las experiencias y recuerdos de tus pecados
chuparás sangre joven sin hacer ninguna cita"

Dice que amó con locura, pero mal correspondida
ella era mayor que él y ancianita la llamaba,
aunque al unir sus cuerpos, todo lo dicho olvidaba
le gustaba su experiencia, extasiado él quedaba.

Después que lo perdió le escribió un nuevo poema
que nunca nadie ha leído, ella sentía pena
que supieran que él, la elevó a las estrellas,
ella también gozaba, de sus eróticas faenas.

Al fin la convencí, entendió todo el proceso
después de la ceremonia, la anciana se transformó.
Dijo "Le podré leer mi poema y lo que quiero hacer yo"
Cambio la página del libro y esto fue que leyó.

QUIERO

Hacerte el amor
de mil maneras diferente,
dibujar con mis ansias
la desnudez de tu piel.

Besar tu cuello, acariciar tu espalda,
bajar a tu centro una y otra vez.

Amarte sin timidez ni pudor alguno
hacer de tu sexo un gran derroche,
cabalgar en lo que te hace viril
ser tu amazona toda una noche.

Sentir tu ardiente presión en mí
hasta que tus fuerzas se extingan,
acariciar tu cuerpo ferozmente
pedirte que me des… Lo mejor de ti.

Aquietar con mis ganas tu erotismo
recorrer tu piel lentamente,
besar tus labios, morder tu pecho,
beber el licor que brota de tu fuente.

Y si me cambias por otra
porque ya estoy mayorcita,
nunca podrás olvidar
a esta erótica ancianita.

Me enamoré de un vampiro

Mis noches eran tranquilas sin sueños complacientes
de emociones dormidas, amor, pasión y sexo ausente,
dormía yo plácidamente cuando de pronto su sombra vi
escuché un sonido extraño, sentí miedo; me estremecí.

¿Quién eres? Pregunté; aléjate no interrumpas mi paz
pero aquella sombra maléfica seguía susurrando su mal.
"Fui enviado a tu solitaria vida para cambiar tu sino
volverás a ser la mujer alegre que desvió su camino"

-No quiero tu extraña presencia, escrito esta mi destino
no puedo ver tu rostro ni cuerpo, solo siento tu latido.
La sombra despacito se alejó; creí que había soñado
la noche siguiente desperté y ahí estaba a mi lado.

Decidí encender la luz y tal fue mi gran sorpresa
descubrir que era vampiro buscando su nueva presa,
tratando de convencerme para beber de mí sangre
pero yo sería más fuerte lo derrotaría al instante.

Así pasaron cien noches siempre me visitaba
con palabras seductoras que a mí ya me gustaban,
mi fortaleza desvaneció y sin poderlo yo evitar
me sometí a sus colmillos, mi sangre quería probar.

Supo como seducirme para el seguir chupando
mientras yo poquito a poco ya me estaba enamorando,
mi pasión y lujuria despertó, me hizo perder la razón
clavó su colmillo en mi pecho y se robó mi corazón.

Así han pasado mil noches; el cambió mi destino
tengo que confesarles; me enamoré de un vampiro.

Tu eterna vampira amante

En mi vida anterior fui una simple mujer
amante de la música la poesía y el placer,
aunque no siempre recibí, el amor que yo esperaba
disfrutaba los momentos que la vida me regalaba.

Un día decidí, convertirme en vampira mala
recorro cuevas y montes buscando candidatos,
así fue como en un parque encontré un alma en pena
que con un libro en la mano solo leía un poema.

Me contó de su historia hace cuatro siglos atrás
solo creía en el amor, era romántica y soñadora,
le pedí que fuera vampira y probara sangre nueva
fue cuando me contó que también fue pecadora.

Ella no quería porque estaba muy viejita
le dije "Tiene sus ventajas eso de ser ancianita,
llevas las experiencias y recuerdos de tus pecados
chuparás sangre joven sin hacer ninguna cita"

Dice que amó con locura, pero mal correspondida
ella era mayor que él y ancianita la llamaba,
aunque al unir sus cuerpos, todo lo dicho olvidaba
le gustaba su experiencia, extasiado él quedaba.

Después que lo perdió le escribió un nuevo poema
que nunca nadie ha leído, ella sentía pena
que supieran que él, la elevó a las estrellas,
ella también gozaba, de sus eróticas faenas.

Al fin la convencí, entendió todo el proceso
después de la ceremonia, la anciana se transformó.
Dijo "Le podré leer mi poema y lo que quiero hacer yo"
Cambio la página del libro y esto fue que leyó.

La vida es un camino de amor, erotismo y fantasías. Los momentos pasan; los recuerdos quedan.

CPSIA information can be obtained
at www.ICGtesting.com
Printed in the USA
BVHW071041250620
582308BV00001B/120